Das große Vorschulbuch

Martin Stiefenhofer
Anja Güthoff

Inhalt

»Hallo, ich bin die Lisa. Meine Freunde und ich, wir sind ganz besondere Schnecken. Wir können nämlich lesen, schreiben, zählen und rechnen. Und das möchten wir in diesem Buch mit dir üben. Außerdem werden wir zusammen malen, basteln, singen, Rätsel lösen und viele lustige Spiele und Übungen machen. Ganz bestimmt werden wir eine Menge Spaß zusammen haben!«

Einleitung: Vorschulförderung für mein Kind?

Kinder lernen von allein und im wahrsten Sinne des Wortes spielerisch. Sie erfahren und erleben ihre Umwelt, gestalten sie und setzen sich im Spiel mit ihr auseinander. Die Fähigkeiten, Worte richtig auszusprechen, zwischen links und rechts zu unterscheiden, Oberbegriffe zu bilden, Mengen miteinander zu vergleichen und zu zählen, um nur einige Beispiele zu nennen, lernt Ihr Kind am besten und schnellsten im Spiel. Gleichzeitig macht es so die Erfahrung, dass Lernen Spaß machen kann.

Die Vorschulförderung von Kindern will und kann die Aufgaben des Schulunterrichts nicht vorwegnehmen. Doch gilt im Allgemeinen, dass Lehrinhalte, die Kindern ab 3 oder 4 Jahren vermittelt werden, von den Vorschulkindern oft müheloser, schneller und eifriger aufgenommen werden, als dies bei älteren Kindern der Fall ist. Das Anforderungsniveau der Lehrpläne steigt kontinuierlich, und so ist Frühförderung mittlerweile beinahe schon eine Notwendigkeit für einen guten Start in der Schule.

Hat ein Kind im Rahmen der Vorschulförderung erfahren, dass Lernen nicht unbedingt Mühe und Zwang bedeutet, sondern durchaus Spaß machen kann, ist möglicherweise die Grundlage für ein leichteres Lernen in der Schule geschaffen.

Allgemein gilt für die Vorschulförderung:

- Berücksichtigen Sie das individuelle Lerntempo Ihres Kindes; überfordern Sie es keinesfalls.
- Bestärken Sie Ihr Kind immer wieder durch Lob.
- Wiederholen und variieren Sie die Spiele und Übungen.
- Gehen Sie nur in kleinen Lernschritten, denen Ihr Kind mühelos folgen kann, vor.
- Nutzen Sie im Alltag die Gelegenheit, Gelerntes mit Ihrem Kind praktisch anzuwenden.
- Und das Wichtigste: Beim Spielen und Lernen muss eine Atmosphäre der Ungezwungenheit und Freude herrschen.

Unter Umständen kann durch eine sinnvolle Vorschulförderung Teilleistungsstörungen, wie Lese-Rechtschreib- oder Rechenschwäche, Konzentrationsschwierigkeiten oder Motivationsproblemen vorgebeugt werden. Wenn Sie solche Teilleistungsstörungen bei Ihrem Kind – und das trifft auch auf Kinder im Vorschulalter zu – feststellen, sollten Sie sich darüber hinaus um professionelle Hilfe bemühen, um das Kind unter therapeutischer Anleitung gezielt und behutsam zu fördern. Lassen Sie keine wertvolle Zeit in der Entwicklung Ihres Kindes verstreichen.

Wesentlich für den Erfolg ist dabei der vertrauensvolle Kontakt zwischen Ihnen und Ihrem Kind. Es genügt völlig, wenn Sie etwa 10 bis 20 Minuten täglich zusammen üben. Lassen Sie Ihr Kind mit den Spielen nicht allein, sondern geben Sie ihm – wenn nötig – leichte Hilfestellung, ohne es aber anzutreiben.

Die Wurzeln der Frühförderung und Vorschule

Bis in die 60er Jahre blieben Kinder im Vorschulalter nahezu unbehelligt von Bildungsansprüchen aller Art. Der Kindergartenalltag bestand im Wesentlichen aus Spielen, Singen, Basteln und Malen oder auch kleinen Ausflügen. Im Rahmen der bildungspolitischen Diskussionen der folgenden Jahre wurde Kindererziehung verstärkt zum Gegenstand wissenschaftlicher Forschung und öffentlichen Interesses. Bildungsprogramme, deren Schwerpunkt auf der Intelligenzförderung von 3- bis 6-Jährigen lag, wurden entworfen. In diese Zeit datiert die Entwicklung der Mengenlehre, verschiedener Programme zum Lesenlernen für Vorschulkinder und didaktischer Spiele wie »Memory«, Zuordnungs- und Schau-genau-Spiele. In den Kindergärten wurden Vorschulübungsstunden eingeführt, und man diskutierte die Herabsetzung des Einschulungsalters.

Intelligenz fördern

Auf wissenschaftlicher Ebene hat sich die Erkenntnis duchgesetzt, dass Intelligenz in erster Linie nicht angeboren ist, sondern erlernt wird. Der Grundstein für die Entwicklung der Intelligenz eines Kindes wird bereits in den ersten Lebensjahren gelegt. Indem sie ein anregendes Umfeld schaffen, können Eltern und Erzieher gleichermaßen die geistige Entwicklung der Kinder positiv beeinflussen.

Durch didaktische und freie Spiele zur Förderung der Motorik, Geschicklichkeit und der Sinne werden die Tätigkeiten der Kinder bewusst und planmäßig organisiert. Sie sind aktiv, wenden ihr erworbenes Wissen und Können an und lernen, neue Situationen und Aufgaben zu meistern. Im Vordergrund steht dabei das Spielerlebnis; die Vermittlung von Kenntnissen, Fähigkeiten und Fertigkeiten geschieht sozusagen nebenbei. Die Spielideen fordern die aktive Teilnahme der Kinder, die sich auch meist mit Feuereifer ans Werk machen.

In den hier vorgestellten Spielen und Übungen werden die Alltagserfahrungen der Kinder geordnet und ihre Vorstellungen systematisiert. Sie lernen, logisch zu denken, zusammenhängend zu sprechen, zu beobachten, schnell und richtig zu kombinieren, sich räumlich und sozial zu orientieren und sich selbst zu organisieren, außerdem werden Geschicklichkeit und Selbstständigkeit der Kinder gefördert.

Konzentration und Merkfähigkeit

Nicht die Kenntnis der Zahlenreihe von 1 bis 100 oder des Alphabets sind entscheidende Kriterien dafür, ob ein Kind für die Schule geeignet ist, sondern Ausdauer und Konzentration sowie die Fähigkeit zur selektiven Aufmerksamkeit. Aus einer Vielzahl von Eindrücken soll sich das Kind auf bestimmte, für die jeweilige Aufgabe maßgebliche Dinge konzentrieren können, es soll sich über einen bestimmten Zeitraum hinweg mit einer Sache den Anforderungen entsprechend auseinander setzen und andere Interessen und Bedürfnisse während dieser Zeit zurückstellen können.

Ebenso wichtig ist die Merkfähigkeit des Kindes. Konzentrationsspiele fördern die Gedächtnisleistung und die Konzentrationsfähigkeit. Konzentration ist eine unabdingbare Voraussetzung für das Lernen. Unkonzentrierte oder unruhige Kinder können einer Aufgabe oder einem Spiel nicht über einen längeren Zeitraum hinweg ihre Aufmerksamkeit schenken, sie schweifen immer wieder ab und brechen nach kurzer Zeit ihre Beschäftigung ganz ab. Doch die Konzentrationsfähigkeit lässt sich mit einfachen Übungen, die Kinder zu fesseln vermögen und Neugierde erwecken, gezielt schulen.

Wer spielt womit?

Heute hat jedes Kind sein Lieblingsspielzeug mitgebracht. Schau genau hin, zeichne die Linien mit dem Finger nach, und finde so heraus, welches Kind mit welchem Spielzeug am liebsten spielt.

Bunte Ahornblätter

Im Herbst färben sich die Blätter bunt. Auf dieser Seite siehst du mehrere Ahornblätter abgebildet – manche sind größer, andere wieder kleiner, und einige Blätter liegen sogar übereinander. Male jedes Blatt mit einer anderen Farbe aus.

Hier fehlt noch etwas

Schau, hier ist eine Figur mit Kopf, Mund, Bauch, aber oje, das Strichmännchen ist ja gar nicht fertig gemalt: Es hat nur einen Arm und auch ein Bein fehlt, und was fehlt sonst noch? Zeichne die Figur in deinen Lieblingsfarben fertig.

Fleißige Maulwürfe

Maulwürfe bauen unter der Erde lange, weit verzweigte Gänge. Dort, wo sie sich in die Erde graben, ist jeweils ein Maulwurfshügel zu sehen. Du sollst nun herausfinden, welcher Maulwurfshügel und welcher Maulwurf zusammengehören. Lege dazu deinen Finger auf einen der Maulwurfshügel, und fahre den Gang bis zum Maulwurf nach. Dann machst du es umgekehrt – du fängst beim Maulwurf an und fährst seinen Weg zum Maulwurfshügel hoch. Wenn du das bei allen Maulwürfen gemacht hast, kannst du versuchen, den einzelnen Gängen nur mit den Augen vom Maulwurf bis zum Hügel und umgekehrt zu folgen.

Ostereier suchen

Auf dieser Blumenwiese hat der Osterhase aber viele Eier versteckt.
Findest du sie alle? Male jedes Osterei, das du entdeckst, mit einer
anderen Farbe aus.

Das Blech ist noch nicht voll

Auf dem Küchenblech sind nur noch ein paar Plätze frei, und an die sollst du das Gebäck, das du unten im Bild siehst, setzen. Wohin gehören die Brezel, die Semmel und das Hörnchen?

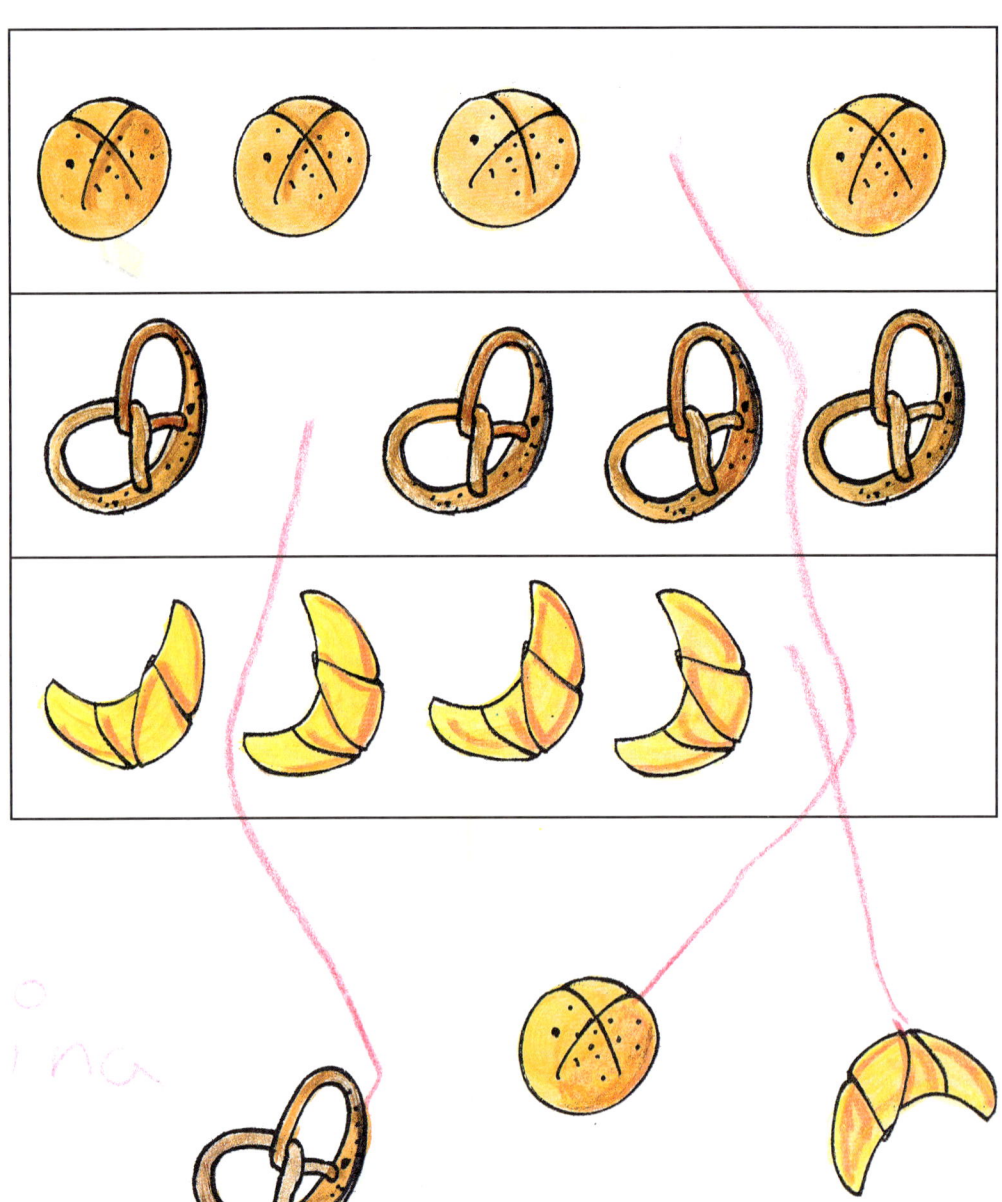

Brezel backen

Eine Brezel sieht ja ein bisschen so aus wie eine Brille, und darum heißt sie auch in manchen Gegenden »Brillenbrezel«. Leider sind dem Bäcker ein paar Brezeln nicht so gut gelungen, sie sehen anders aus als die besonders schöne, große Brezel, auf die der Pfeil zeigt. Kreise alle Brezeln ein, die anders sind.

Memory

Halt, hier stimmt doch etwas nicht, die nebeneinander liegenden Bildhälften passen ja gar nicht zusammen. Schau dir die Bilder genau an, und male die Bildhälften, die zusammengehören, jeweils mit der gleichen Farbe aus.

Der Kaffeetisch ist gedeckt

Wie fade, zweimal das gleiche Bild, denkst du jetzt womöglich. Dann schau doch noch einmal ganz genau hin. Das untere Bild unterscheidet sich in 5 Dingen vom oberen. Wenn du die Unterschiede gefunden hast, dann kreise sie mit einem Buntstift ein.

Wäsche flicken

Denkst du etwa, hier hätte jemand in jeder Reihe lauter gleiche Sachen zum Trocknen aufgehängt? Lass dich nicht täuschen, das sieht nur auf den ersten Blick so aus, denn nur das linke Wäschestück ist sozusagen vollständig, bei den Teilen, die daneben hängen, fehlt jeweils eine Kleinigkeit. Vergleiche die Bilder, und versuche die Unterschiede zu finden. »Flicke« die Wäsche, indem du die fehlenden Dinge dazumalst.

Konzentration & Merkfähigkeit

Socken sortieren

Immer zwei Socken haben genau das gleiche Muster. Kannst du erkennen, welche Socken zusammenpassen? Wenn ja, dann kreise sie mit einem Buntstift ein.

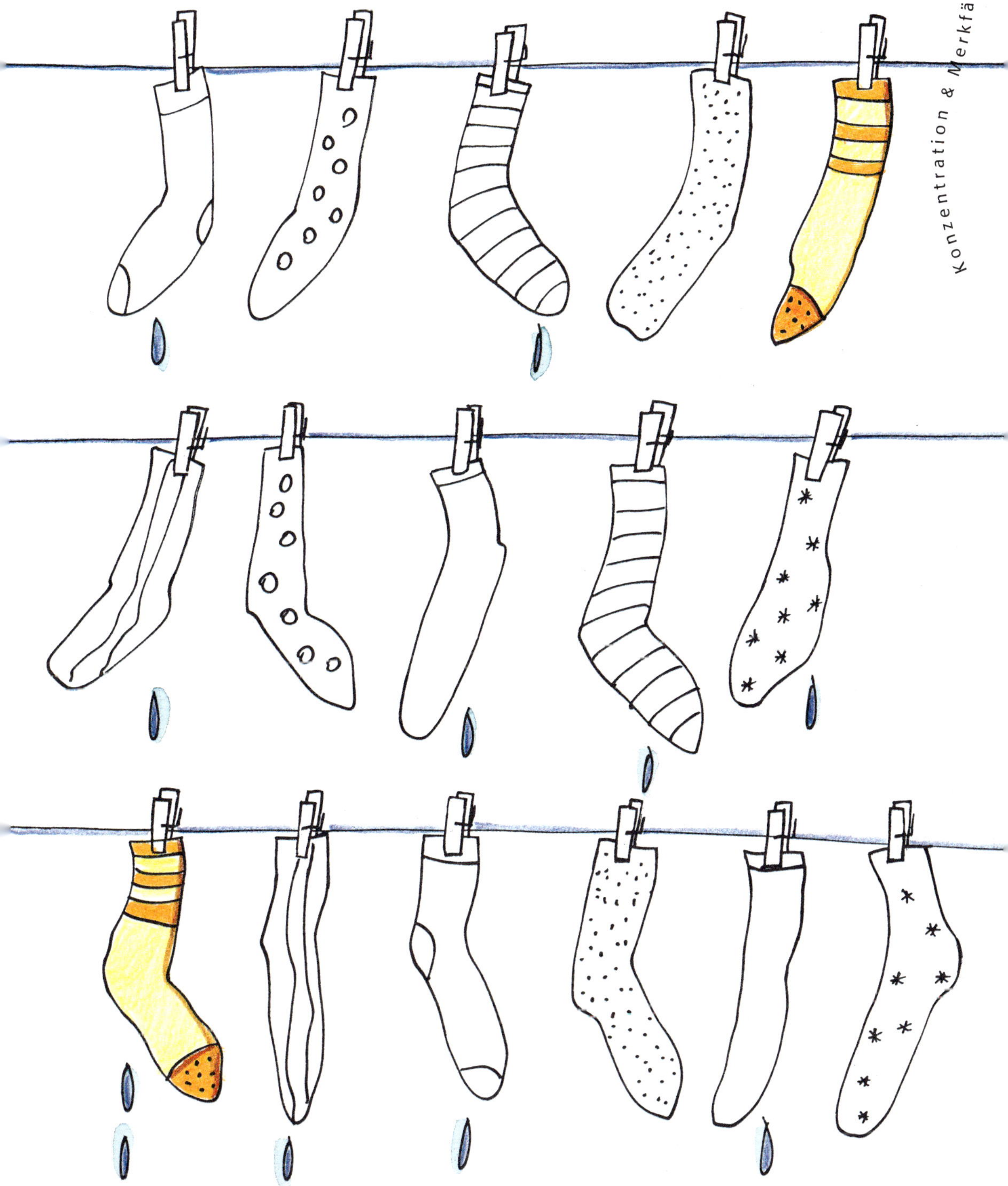

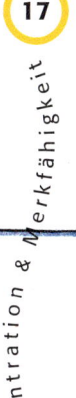

Mondenschein

Der Mond sieht jeden Tag ein bisschen anders aus. Im Laufe eines Monats entwickelt er sich langsam vom Neumond zum Vollmond und wieder zurück. Schau dir in jeder Zeile das Mondbild ganz links an, und vergleiche es mit jedem der Mondbilder, die in der Zeile daneben zu sehen sind. Welche Monde sehen anders aus? Kreise sie ein.

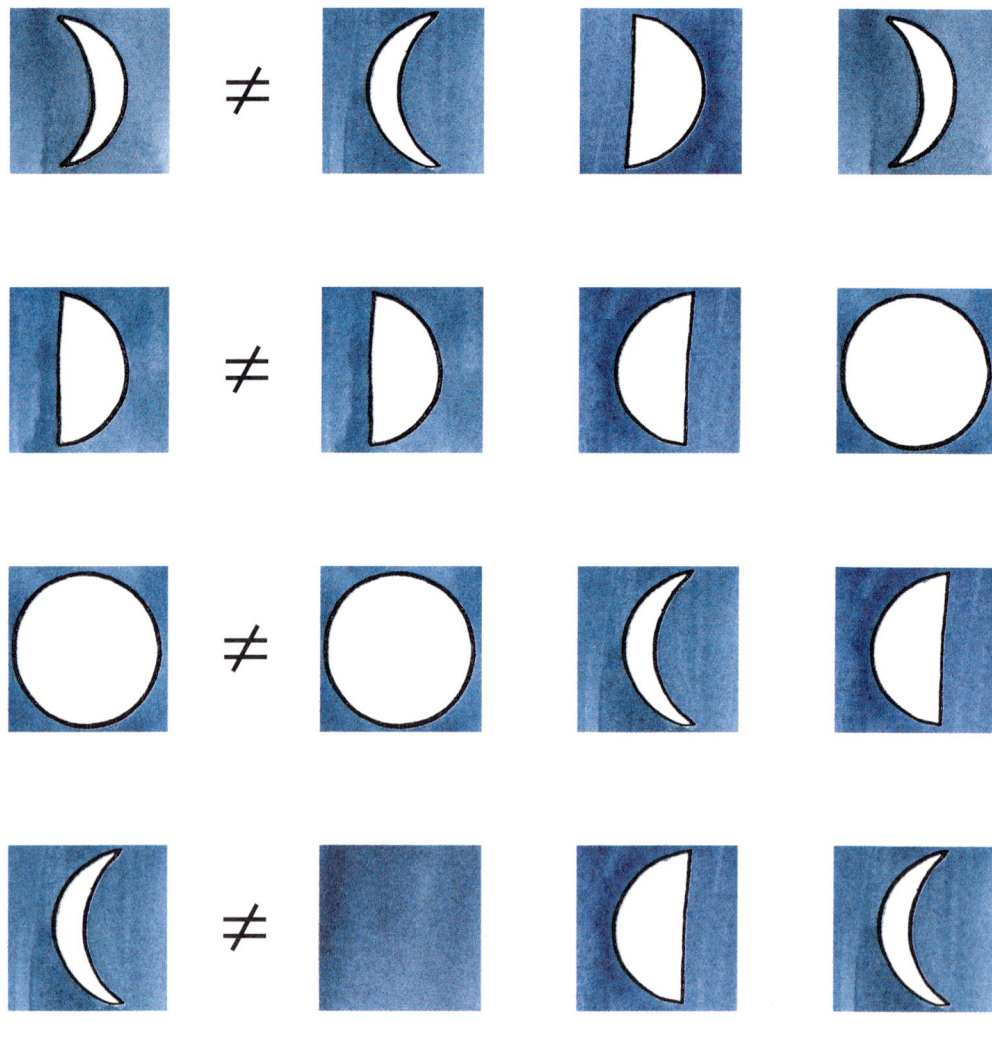

Welches Zeichen gehört wozu?

Jedem der im Kreis abgebildeten Gegenstände ist ein bestimmtes Zeichen zugeordnet. Welches das jeweils ist, siehst du unten im Bild. Merk dir, welches Zeichen zu welchem Gegenstand gehört, und decke den Bereich unter dem Kreis ab. Zeichne jetzt in die freien Felder im inneren Kreis jeweils das richtige Zeichen – aber gib gut Acht, die Reihenfolge der Gegenstände ist nämlich vertauscht.

Hans und Hansi

Hans hat seinen Kanarienvogel – sein Name ist Hansi. Einmal hat Hans vergessen, die Käfigtür zu schließen und – flugs – flog Hansi durchs offene Fenster davon und setzte sich ganz oben auf einen Baum. Hans lief, den Käfig in der Hand, rasch hinaus und stellte den Käfig unter den Baum. Nach langem gutem Zureden flog Hansi schließlich in seinen Käfig zurück. Als Belohnung für das überstandene Abenteuer bekam er von dem überglücklichen Hans eine Extraportion Vogelfutter. Hast du gut zugehört? Dann erzähle die Geschichte nach und deute dabei auf das jeweils passende Bild.

Zusammenkunft der Marienkäfer

Kein Marienkäfer gleicht dem anderen, denn meistens haben sie unterschiedlich viele schwarze Punkte auf ihren dunkelroten Rücken. Auf dieser Seite siehst du einige Zeilen mit den verschiedensten Marienkäfern. Vergleiche die einzelnen Käfer in jeder Reihe mit dem, der ganz links in der Zeile zu sehen ist. Welche Marienkäfer sehen genauso aus wie der linke? Hast du geschafft, das herauszufinden, dann male die Marienkäfer rot aus, die sich nicht von ihrem Gefährten unterscheiden.

Farben und Formen

Zur Beschäftigung mit Farben und Formen muss man Kinder nicht eigens auffordern, schon im Baby- und Krabbelalter erweckt alles, was bunt ist, ihre Aufmerksamkeit, und sie zeigen Interesse an den unterschiedlichsten Formen und Materialien. So bekommt das Kind von klein auf eine Vorstellung von der Vielfalt der Farben, deren Abstufungen und von einfachen Formen. Förderungsschwerpunkt im Vorschulalter ist das Erkennen und Nachbilden verschiedener Formen und die Erkenntnis, dass auch komplexe Gegenstände sich auf wenige Grundformen reduzieren lassen.

Der spielerische Umgang mit Buntstiften, Wachsmalkreide und Wasserfarben fördert die Vorstellungskraft und die Kreativität Ihres Kindes. Geben Sie darum Ihrem Kind möglichst viel Gelegenheit, Zeit und Raum, um sich auf diesem Gebiet entfalten zu können. Lassen Sie es nach Herzenslust großflächige Bilder mit Wasserfarben malen – etwa auf die Rückseite alter Tapetenrollen – und Collagen kleben. Solange es mit Spaß und Hingabe bei der Sache ist, können Sie sicher sein, dass die Entwicklung Ihres Kindes von der kreativen Beschäftigung nur profitiert.

Rund und eckig

Schau doch nur, wie viele verschiedene Formen hier zu einer lustigen Kette aufgefädelt wurden – große und kleine, runde und ovale, manche Formen haben vier Ecken und andere sogar noch mehr. Die Kette sieht bunt angemalt noch viel schöner aus. Male die gleichen Formen mit derselben Farbe aus. Male zum Beispiel alle Kreise grün, ovale Formen gelb, Herzen rot, Vierecke blau und Formen mit mehr als vier Ecken orange aus.

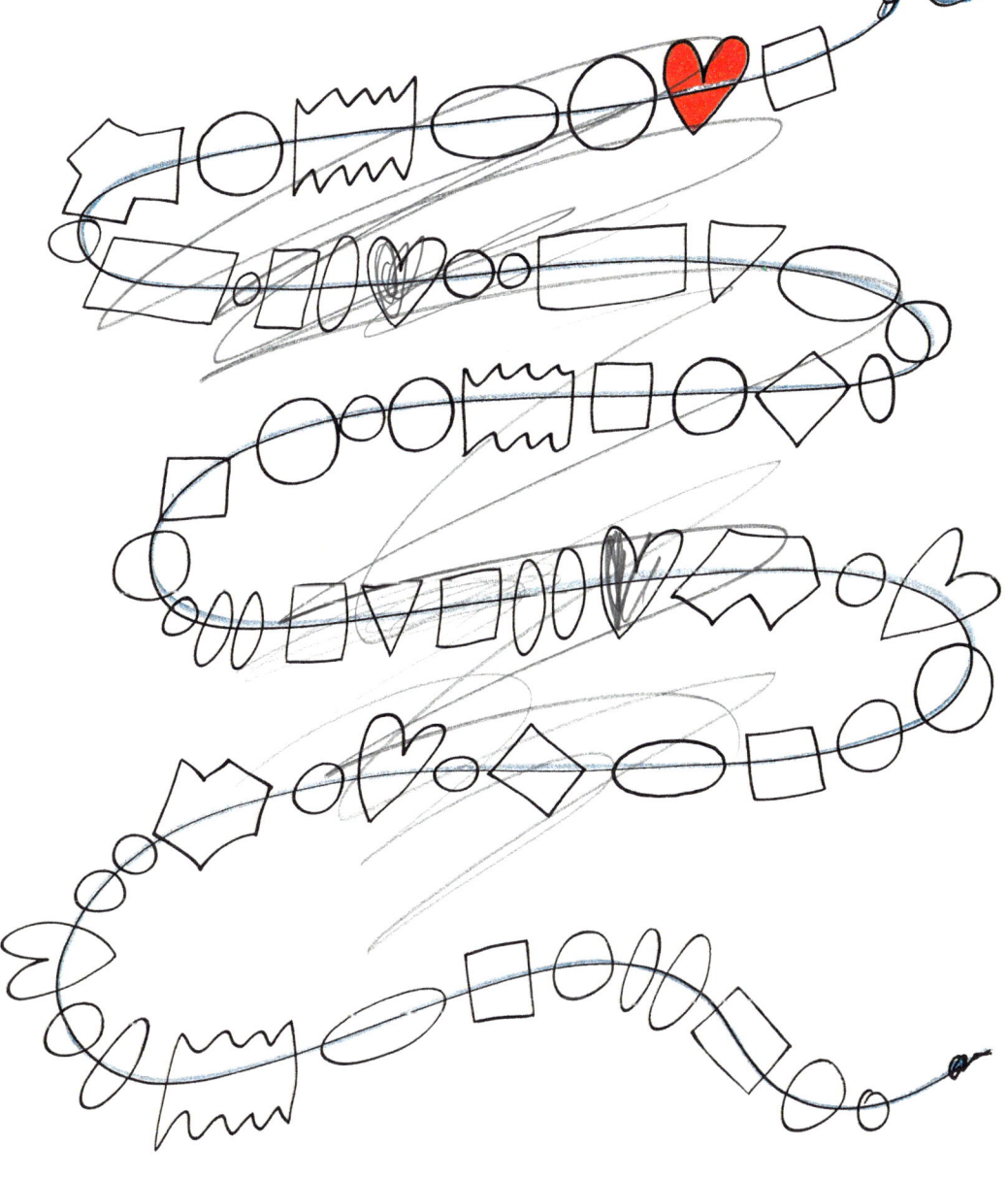

Was hat eine grüne Farbe?

Das Gras ist grün. Und was kann noch alles eine grüne Farbe haben?
Male alle diese Tiere und Dinge grün aus.

Was hat eine rote Farbe?

Reife Tomaten sind rot. Zu welchen der abgebildeten Tiere und Gegenstände passt die Farbe Rot noch? Wenn du es weißt, dann male diese Dinge oder Tiere rot aus.

Schattenbilder

Na so was, die Bäume haben ihre Schatten verloren. Weißt du, welches Schattenbild zu welchem Baum gehört? Zeichne eine Linie von jedem Baum zu seinem Schattenbild.

Farben und Formen

Drei Dickhäuter

Verbinde die Punkte miteinander, und du kannst drei so genannte Dickhäuter erkennen. Was für Tiere siehst du? Male sie doch auch bunt aus.

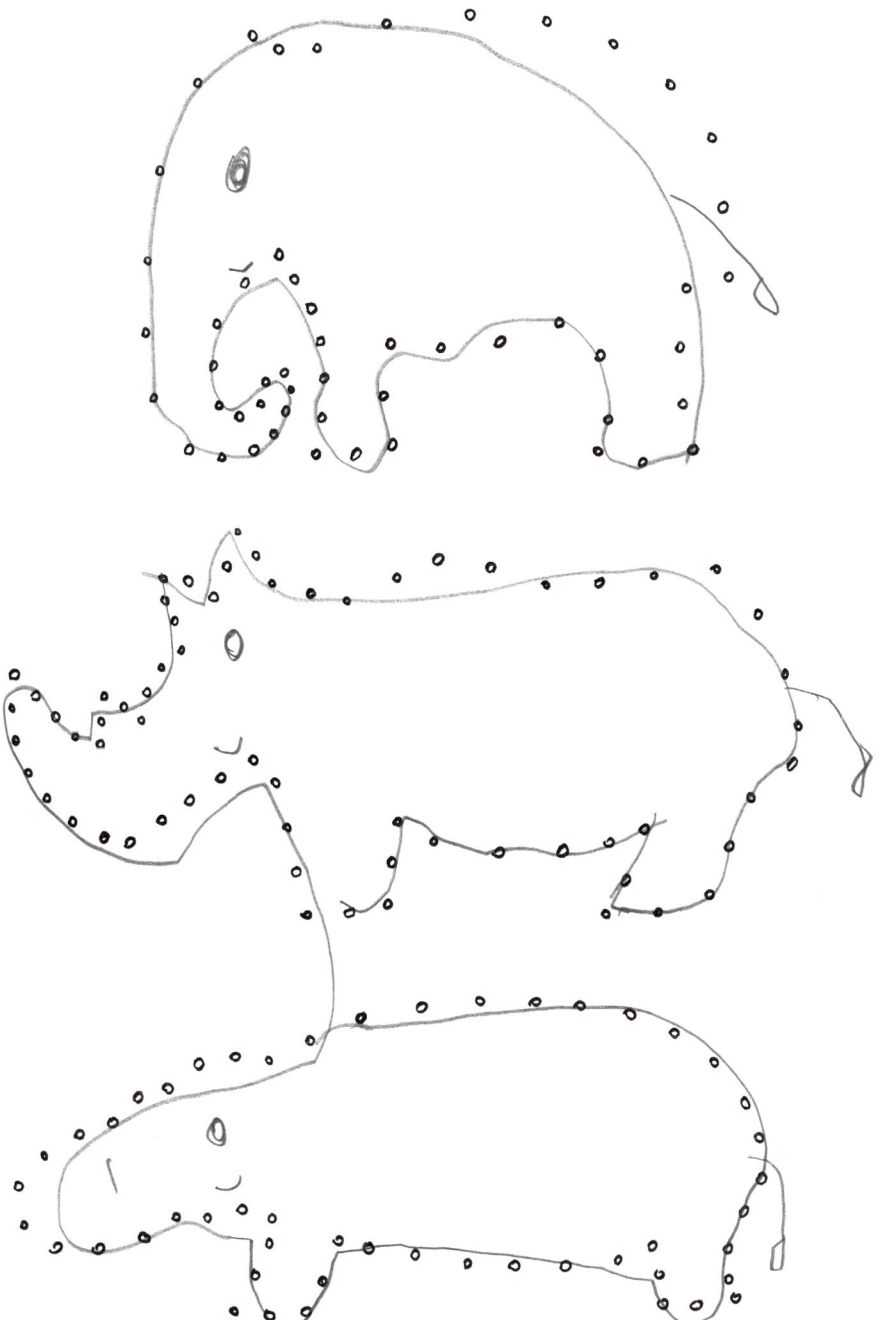

Was hat eine orange Farbe?

Gibt es außer Orangen noch etwas, was eine orange Farbe hat? Schau die Dinge auf dem Bild an, und überlege dir, was alles orange ist oder sein könnte, und male es aus.

Was hat eine blaue Farbe?

Was gibt es denn hier alles zu sehen? Weißt du, welche Sachen oder Tiere normalerweise eine blaue Farbe haben oder blau sein könnten? Male sie blau aus.

Welche Formen sind gleich?

In jeder Zeile sind jeweils zwei Formen genau gleich, eine davon ist immer die ganz linke. Findest du die Form, die dieser genau gleicht? Wenn ja, dann kreise sie ein.

Farben und Formen

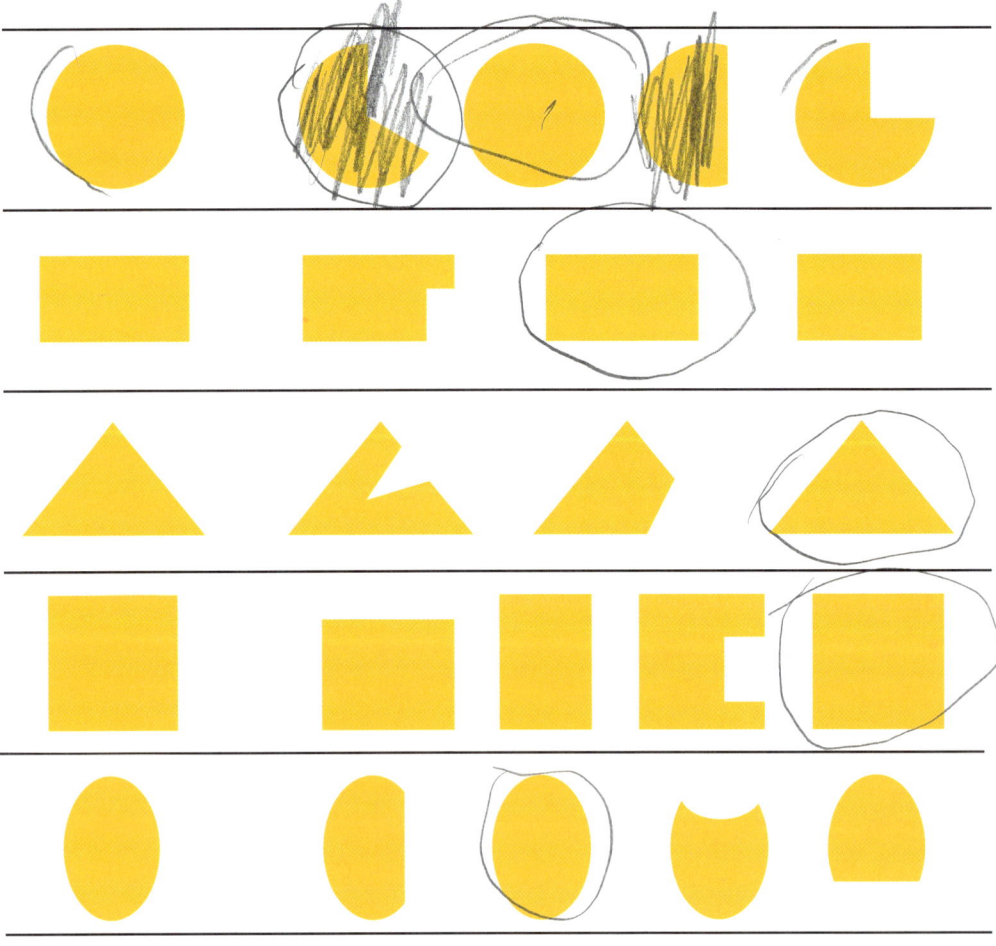

Bunte Chamäleons

Chamäleons können, je nach ihrer Stimmung oder wenn eine Gefahr lauert, ihre Farbe verändern. Die unten abgebildeten Chamäleons sollen bunte Streifen bekommen. Allerdings sind sie nicht fertig gemalt. Male die Tiere fertig aus, halte dabei aber die vorgegebene Reihenfolge der Farben ein.

Was hat eine violette Farbe?

Violett ist eine Farbe, die eher selten vorkommt. Suche die Sachen aus, die violett sind oder es sein könnten, und male sie aus.

Was hat eine gelbe Farbe?

So, was haben wir denn hier alles? Male alle Dinge gelb aus, die gelb sind oder eine gelbe Farbe haben könnten.

Schnipselcollagen

Eine Collage ist ein Bild, das zum Beispiel aus Papier geklebt wird. Für die Schnipselcollage brauchst du alte Zeitschriften mit ganz bunten Seiten. Schau die Zeitschriften durch, und suche nach Seiten, auf denen größere Flächen in einer Farbe bedruckt sind. Aus diesen Seiten reißt du Schnipsel heraus und legst sie auf verschiedene Häufchen: rote Schnipsel, gelbe Schnipsel, schwarze Schnipsel usw. jeweils auf ein Häufchen. Hast du genügend Schnipsel gesammelt, dann musst du dir überlegen, was für ein Bild du machen willst. Wie wär's mit einem schönen bunten Fisch? Zeichne die Form des Fisches auf ein großes Blatt vor, und beklebe den Fisch, bis er über und über mit Schnipseln bedeckt und ganz bunt ist.

Drucken und Stempeln

Anstatt mit Buntstiften oder Wasserfarben zu malen, kannst du auch einmal versuchen, Bilder zu stempeln oder zu drucken. Zum Drucken und Stempeln eignen sich zum Beispiel Korken, Ohrstäbchen oder einfach deine Finger, die du in Farbe tauchst. Für einen Kartoffel-stempel musst du geschälte, rohe Kartoffeln halbieren und von der Schnittfläche so viel wegschneiden, dass die Formen übrig bleiben, die du drucken möchtest. Vorsicht mit dem Messer! Dann bemalst du die verschiedenen Formen an ihrer Unterseite mit Wasserfarben und stempelst sie auf ein Blatt Papier.

Rund oder oval?

Was ist der Unterschied zwischen einem Kreis und einem Oval? Richtig, der Kreis ist kugelrund, ein Oval dagegen eiförmig. Male auf dem Bild alle Kreise mit gelber und alle Ovale mit blauer Farbe aus.

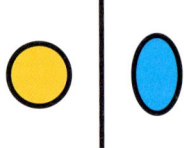

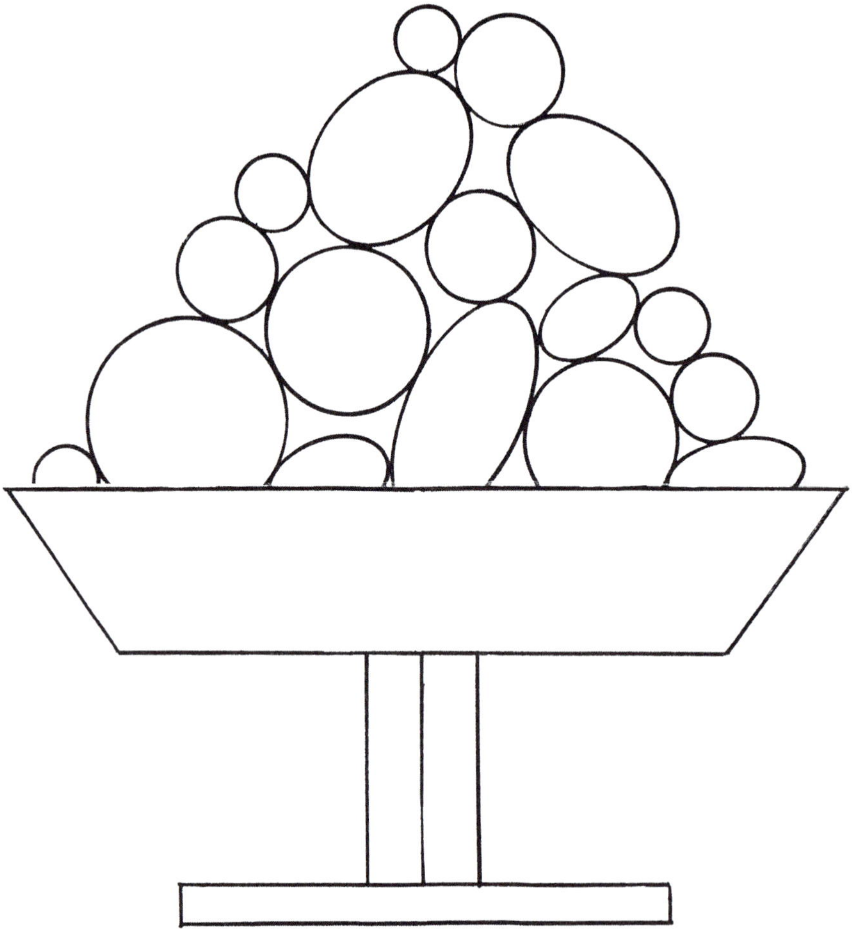

Rechteck oder Quadrat?

Worin unterscheidet sich ein Rechteck von einem Quadrat? Beide haben vier Ecken, also auch vier Seiten. Beim Quadrat sind alle vier Seiten gleich lang, beim Rechteck aber nur die beiden Seiten, die sich gegenüberliegen. Suche auf dem Bild die Rechtecke, und male sie rot aus, für die Quadrate nimmst du die Farbe Grün.

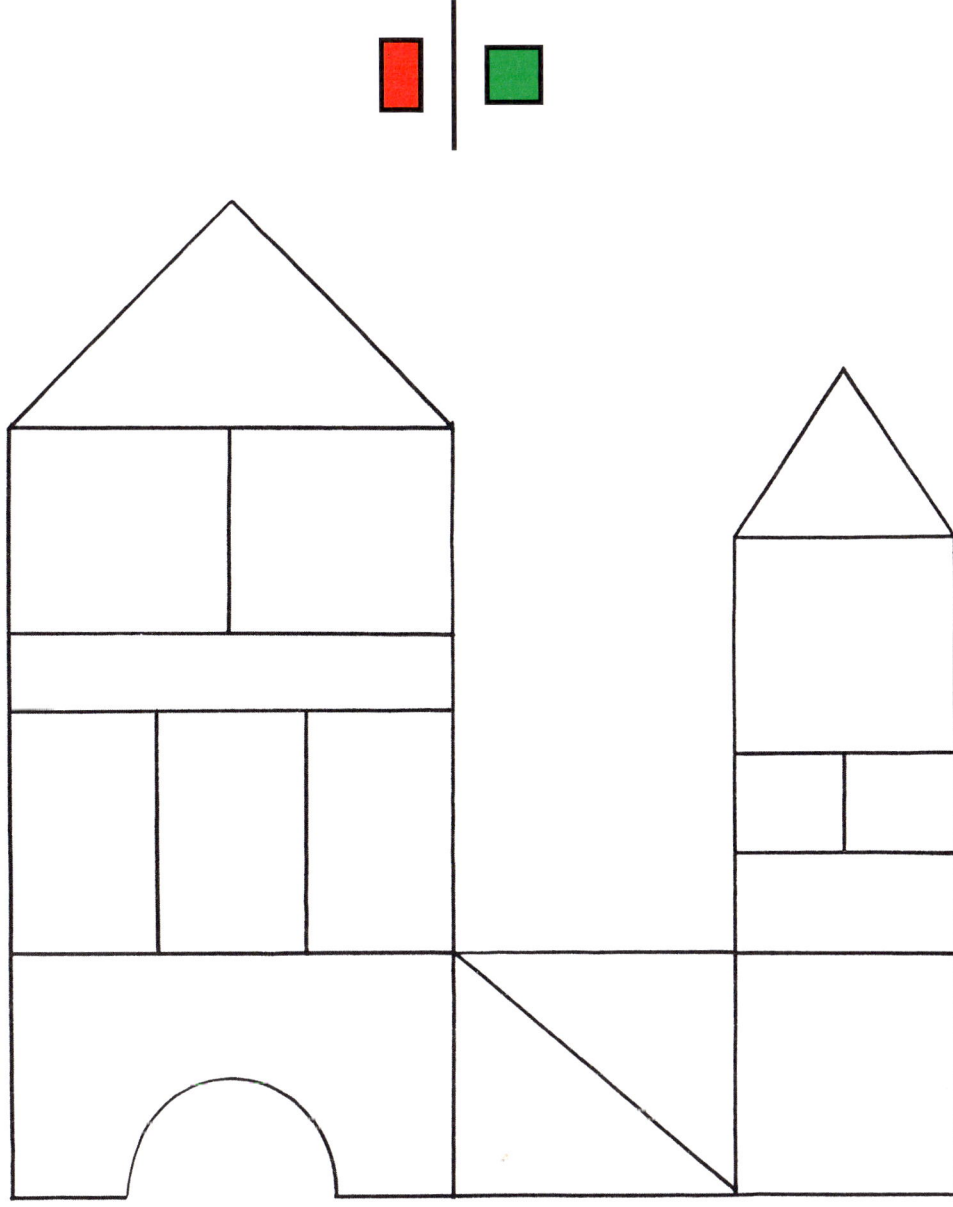

Was hat sich hier versteckt?

In diesem Bild, das in viele einzelne Abschnitte unterteilt ist, die die unterschiedlichsten Formen haben, hat sich etwas versteckt. Male nur die Teilstücke aus, die mit einem gelben Punkt markiert sind, und du wirst das Geheimnis lüften.

Halbe Sachen

Hier hat doch tatsächlich jemand einfach aufgehört, die Bilder weiterzumalen, und jetzt sind hier nur halbe Sachen zu sehen. Ergänze die Bilder, und male sie aus.

Lesen und Schreiben

40 Eine frühzeitige Begriffs- und Sprachbildung fördert die Intelligenz. Durch das Erkennen und Benennen von Dingen, die so genannte Sprachbegegnung, und das Sprachtraining erarbeiten sich Kinder einen differenzierten sprachlichen Ausdruck, der wiederum das Denken besser strukturiert. Das Erkennen von Buchstaben und die Erfahrung, dass durch einfachen Buchstabenaustausch Sinnveränderungen stattfinden, fördern die Lesefähigkeit. Die ersten Ansätze von Schreibfertigkeit wecken das kindliche Interesse an der Beherrschung von Sprache und Schrift.

Sprachliche Gewandtheit ist eine wichtige Grundlage für den schulischen Erfolg eines Kindes und erleichtert das Lesen- und Schreibenlernen. Sprechen Sie deshalb oft mit Ihrem Kind, nehmen Sie seine Fragen ernst, und nehmen Sie sich Zeit für eine ausführliche Antwort. Ihr Kind ist nicht enttäuscht, wenn Sie eine Frage nicht beantworten können, aber es erwartet, dass Sie ihm zuhören und über die Frage nachdenken. Wenn Ihre Geduld ob der Fragerei manchmal allzu hart auf die Probe gestellt wird, drehen Sie den Spieß einfach um, und stellen Sie die Fragen.

Papas Krawatten

Hat dein Papa auch so schöne bunte Krawatten? Auf dem Bild sind allerdings nicht alle Krawatten fertig geworden. Zeichne du die Muster weiter. Die letzte Krawatte kannst du bestimmt alleine fertig malen. Zum Schluss sollen alle Krawatten über und über bunt bemalt sein.

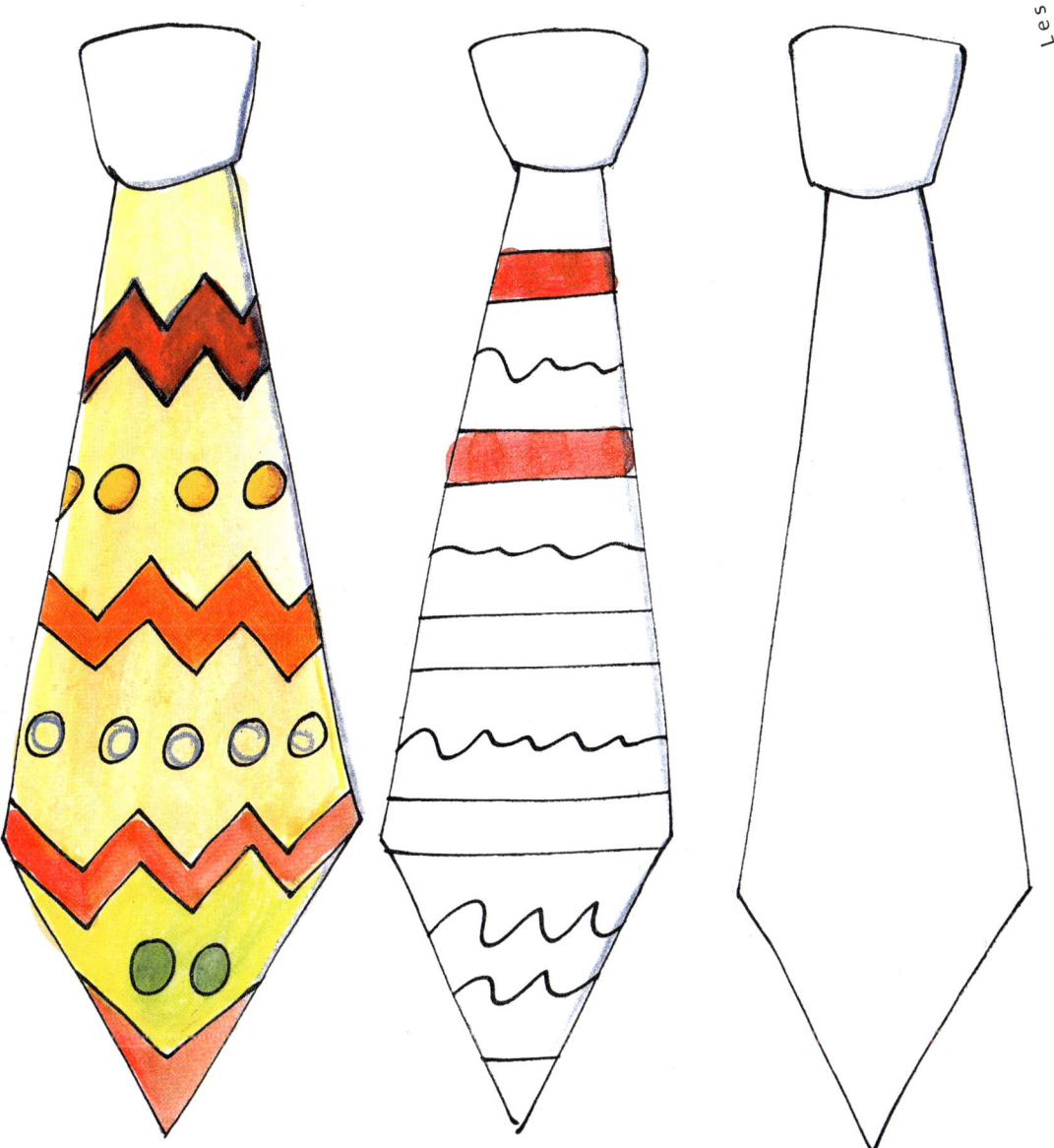

Frosch auf der Flucht

Störche fangen Frösche, darum muss der Frosch sich schnell mit großen Sprüngen vor dem Storch in Sicherheit bringen. Male die Bögen nach, die der Frosch hüpft. Zeichne auch das Gras nach, durch das der Frosch springt.

Spuren nachzeichnen

Mal in sanften Kurven, mal im Zickzack bewegen sich die Tiere auf dem Boden, in der Luft oder im Wasser. Folge mit einem Stift der Spur, die die Tiere hinterlassen haben.

Begriffe mit O

Die Bilder zeigen Begriffe, in denen ein O vorkommt. Versuche zuerst, das große vorgezeichnete O nachzumalen, schreibe dann ohne Hilfslinien die ganze Zeile mit Os voll. Schließlich darfst du noch die fehlenden Os in den Wörtern ergänzen.

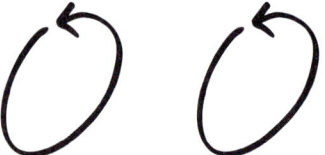

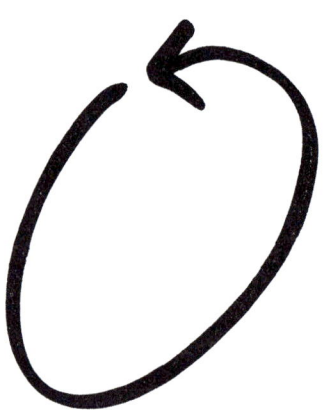

T...MATE	R...LLER	...FEN	KR...NE

Spuren im Sand

Die drei kleinen Krebse – sie heißen Oskar, Lotte und Moritz – laufen durch den Sand und hinterlassen dabei mit ihren Füßchen viele Abdrücke. Verbinde die Punkte mit Buntstiften, sie ergeben jeweils den Anfangsbuchstaben des Namens. Jetzt weißt du, welcher Krebs Oskar, welcher Lotte und welcher Moritz heißt.

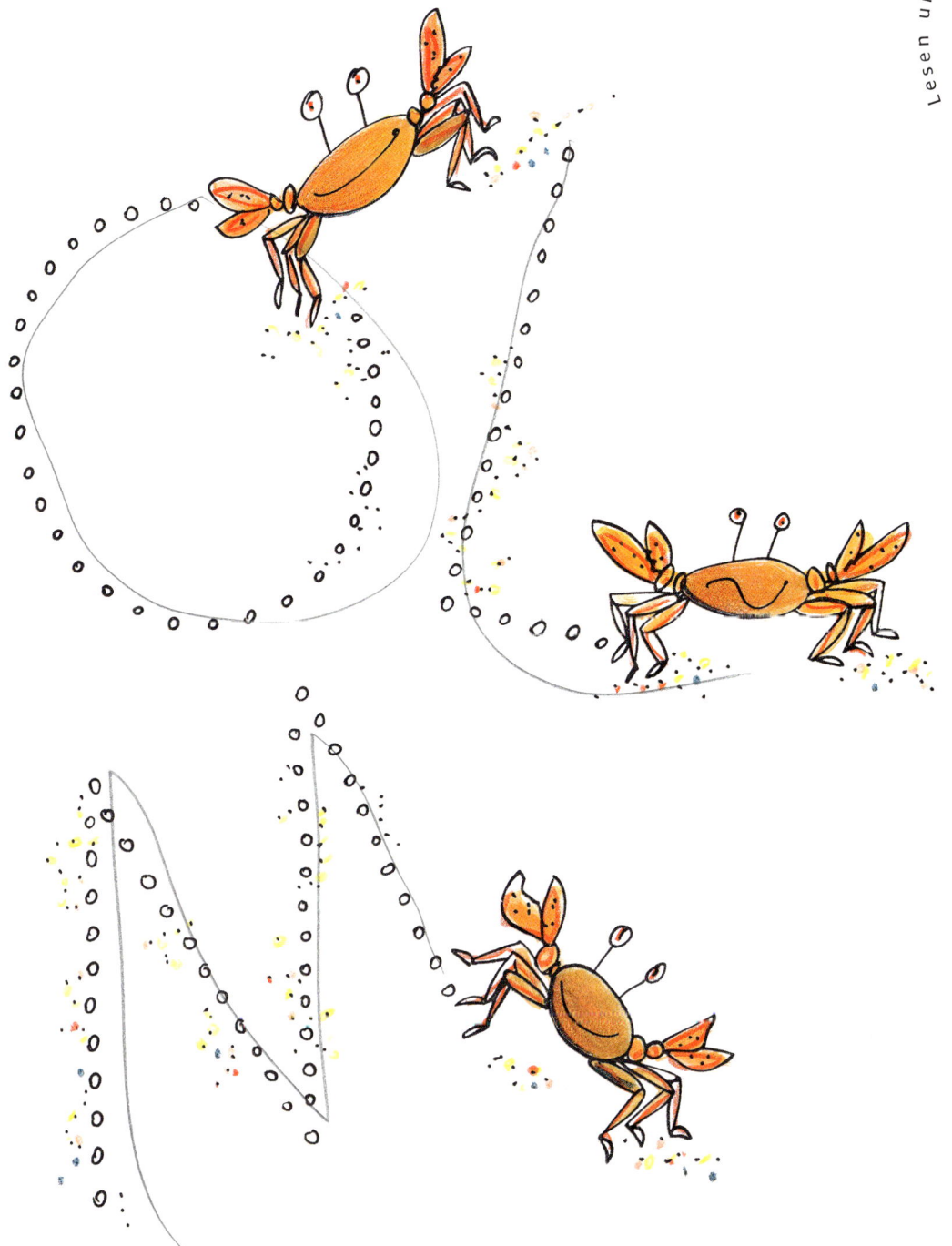

Zusammengesetzte Wörter

Die Bilder zeigen Begriffe, die du kennst. Wenn du die Begriffe, die nebeneinander liegen, nacheinander aussprichst – und zwar zuerst den linken und dann den rechten Begriff –, kommt ein ganz neues Wort heraus.

Wem gehört was?

Hier sind drei Haustiere – die Katze Tinka, der Hund Bello und der Hase Hoppel – und einige ihrer Sachen abgebildet. Der Gegenstand, der zu einem der Tiere gehört, ist jeweils mit dem Buchstaben gekennzeichnet, mit dem der Name des Tieres anfängt. Male alle Sachen, die zu einem Tier gehören, mit der gleichen Farbe aus.

Hast du Töne?

Jedes Musikinstrument hat seinen eigenen Ton. Schreibe die Laute, die die Musikinstrumente von sich geben, noch einmal auf die dafür vorgesehene Linie.

BONG

....

TÖRÖ

....

TING

....

TRÖT

....

Wörter mit B

In der Mitte siehst du ein großes B. Versuche es nachzuschreiben. Die Zahlen und die Pfeile helfen dir dabei. Wenn du es gut kannst, ergänze bei den Begriffen den oder die fehlenden Buchstaben. Welche Wörter kennst du noch, in denen ein B vorkommt?

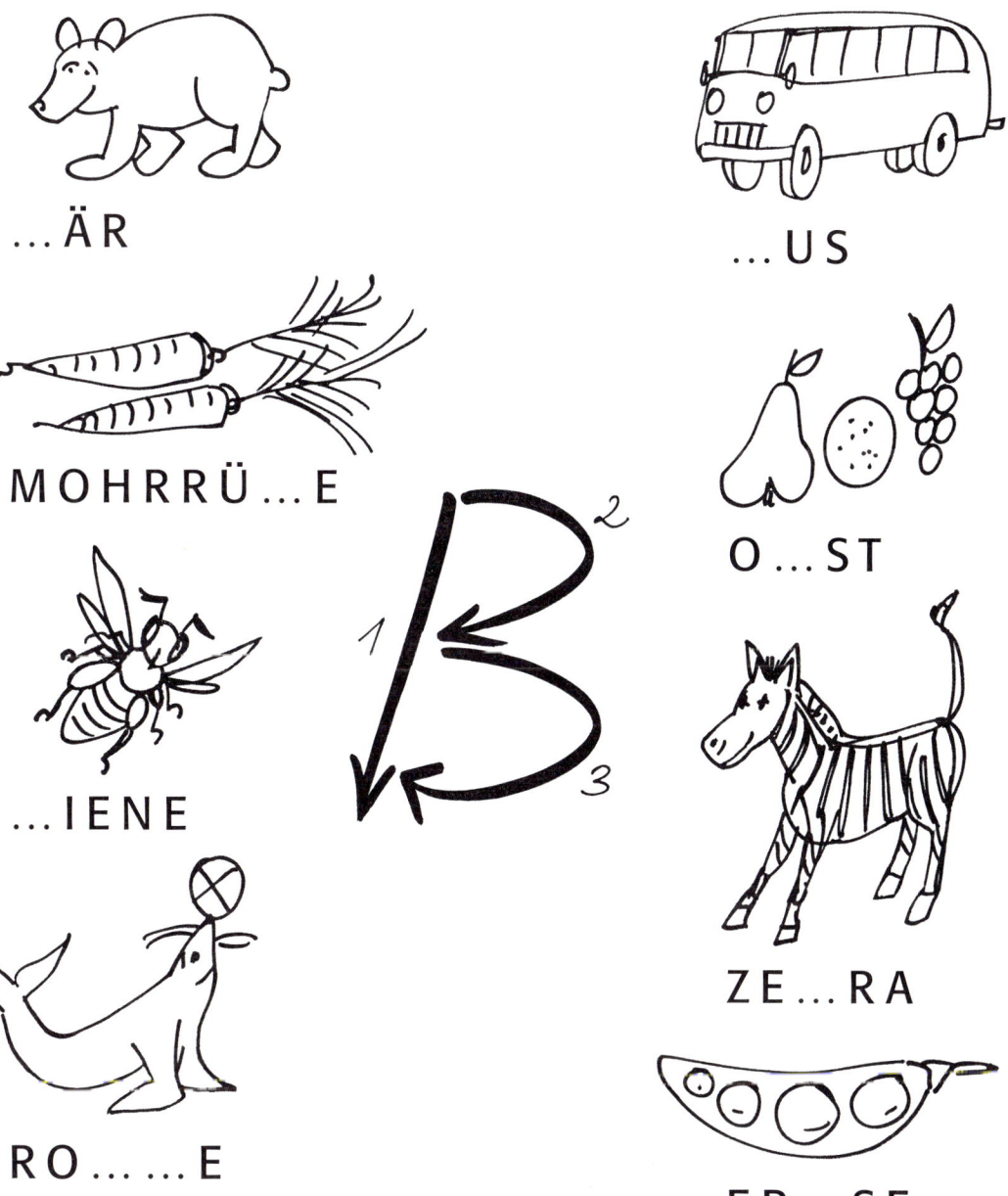

...Ä R

...U S

M O H R R Ü ... E

O ... S T

...I E N E

Z E ... R A

R O ... ... E

E R ... S E

Stickerei

Damit das Kissen nicht so langweilig aussieht, soll es mit einem Muster verziert werden. Nimm dir verschiedene Buntstifte, und vervollständige jeweils die Reihen mit dem angefangenen Muster.

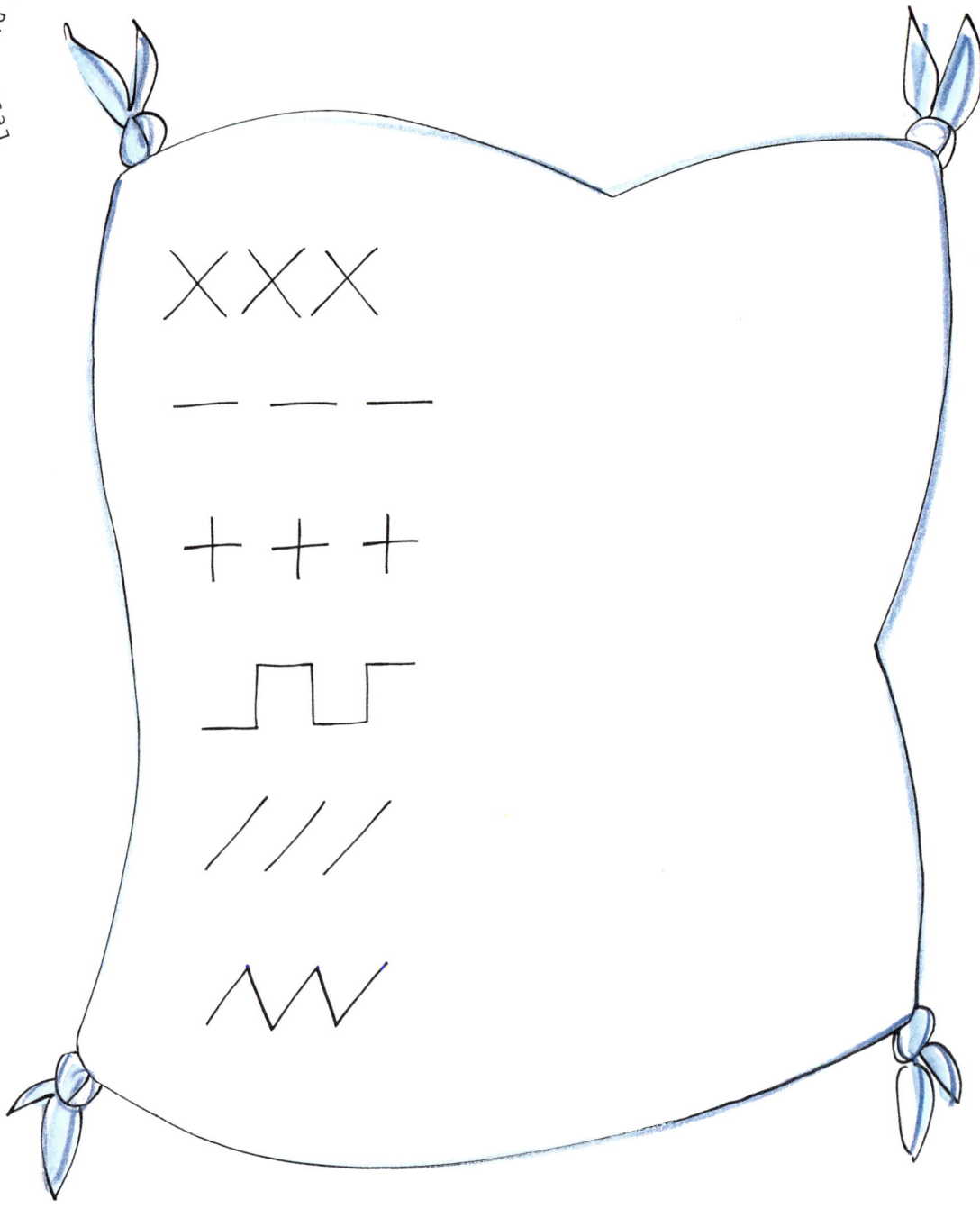

Was gehört zusammen?

Auf dieser Seite siehst du Bilder und Karten mit Wörtern darauf. Welches Wort gehört zu welchem Bild? Verbinde jedes Bild mit dem richtigen Wort durch einen Strich.

Durcheinander gepurzelt

Hier sind ein Tier und zwei Gegenstände abgebildet, die du bestimmt kennst. Weißt du aber auch, wie man ihre Namen schreibt? Neben dem Tier stehen alle Buchstaben, die du dazu brauchst, allerdings sind sie durcheinander gepurzelt. Kreise die einzelnen Buchstaben nacheinander ein, und verbinde jeden Buchstaben mit dem gleichen Buchstaben im Wort.

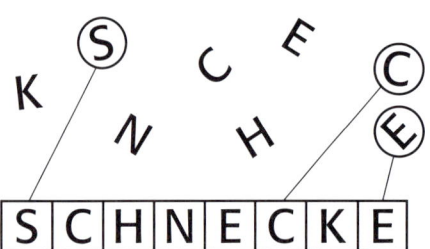

S	C	H	N	E	C	K	E

R	O	L	L	E	R

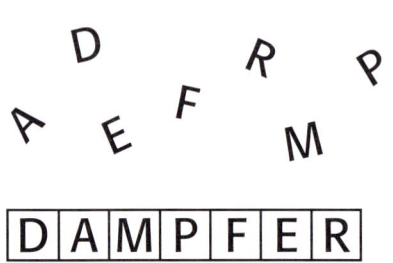

D	A	M	P	F	E	R

Wer steckt dahinter?

Du siehst hier eine Socke, einen Igel, ein Auto und eine Lampe. Darunter ist jeweils der Anfangsbuchstabe des Wortes geschrieben. Kennst du diese Buchstaben? Schreib den richtigen Anfangsbuchstaben in die leeren Zeilen unter die Bilder – aber aufgepasst, sie sind jetzt vertauscht. In der letzten Zeile ergeben die Buchstaben einen Namen. Weißt du welchen?

Lauter Zeug

Auf dem Bild sind viele Gegenstände gezeichnet. Wie heißen sie alle? Der Sammelbegriff endet immer mit der Silbe »-zeug« – zum Beispiel »Spielzeug«. In welchen Wörtern kommt ein E vor? Zeige auf die Dinge und nenne ihre Namen. In welchen Wörtern steckt ein I? Welche Buchstaben, die du kennst, kommen sonst noch in den Namen vor?

Reime finden

Was reimt sich auf …URM? Ergänze jeweils den fehlenden Buchstaben auf der linken Seite, und suche den passenden Reim auf der rechten. Die fehlenden Buchstaben kannst du dir aus den folgenden aussuchen: T M H H R W.

 …URM

 …URM

 …AUS

 …AUS

 …OSE

 …OSE

Zählen und Rechnen

Die Vorstufe zum konkreten Zahlenverständnis ist die Einschätzung von Mengen durch Begriffe wie viel und wenig, mehr und weniger, größer und kleiner. Durch dieses Zuordnen und Vergleichen von Mengen werden dem Kind mathematische Grundbegriffe vermittelt, ohne dass es konkrete Zahlen begreifen muss. Formen werden gemessen, Größen verglichen – im Alltag beim Tischdecken, beim Sortieren des Bestecks, beim Essenausteilen, beim Einschenken von Getränken, beim Einschätzen einer Wegstrecke oder einer Zeitspanne, beim Messen mit dem Maßband. Im täglichen Leben lernt Ihr Kind also sozusagen nebenbei die ersten Ordnungszahlen (erster, zweiter, dritter usw.) kennen, die Zahl als Größenordnung verschiedener Mengen und die Zahl als Maßzahl zum Beispiel für die Uhrzeit, die Länge und das Gewicht.

Zum spielerischen Lernen der konkreten Zahlen bedarf es nur noch eines kleinen Schrittes. Einfache Rechenoperationen, etwa beim Bezahlen (»Wieviel bekommst du zurück?«), sind eine wirksame Unterstützung der folgenden Übungen.

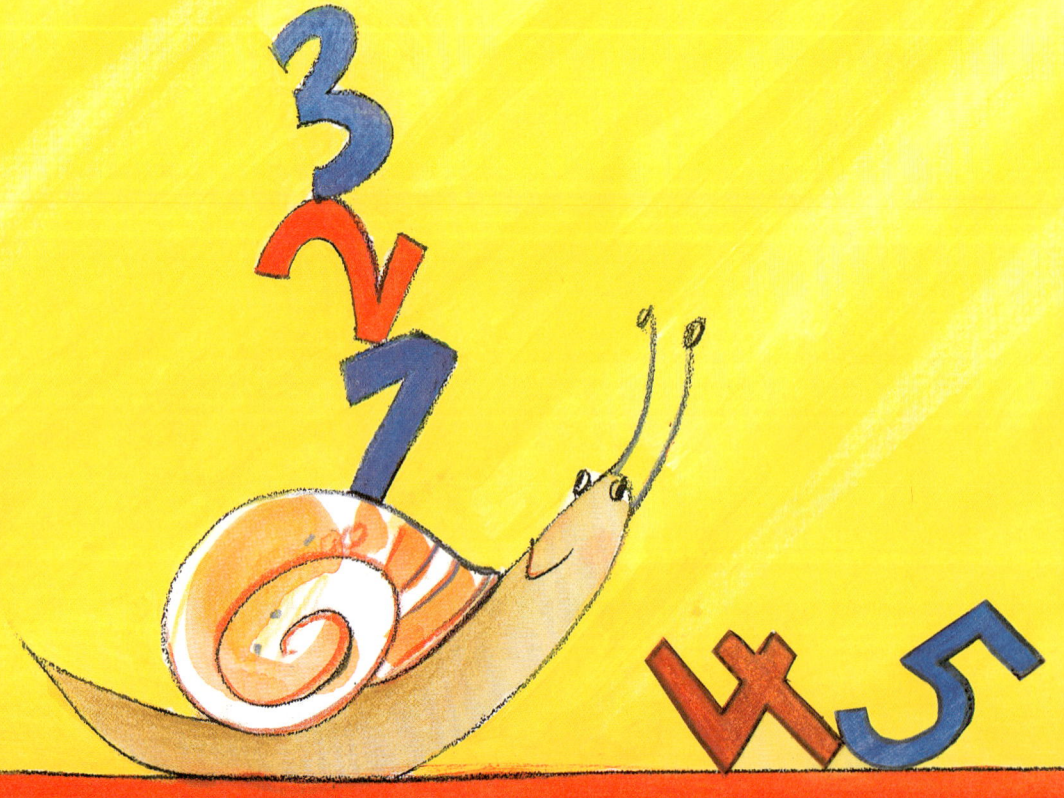

Was ist 1-mal da?

Male alles, was du nur 1-mal siehst, mit einem Buntstift aus.

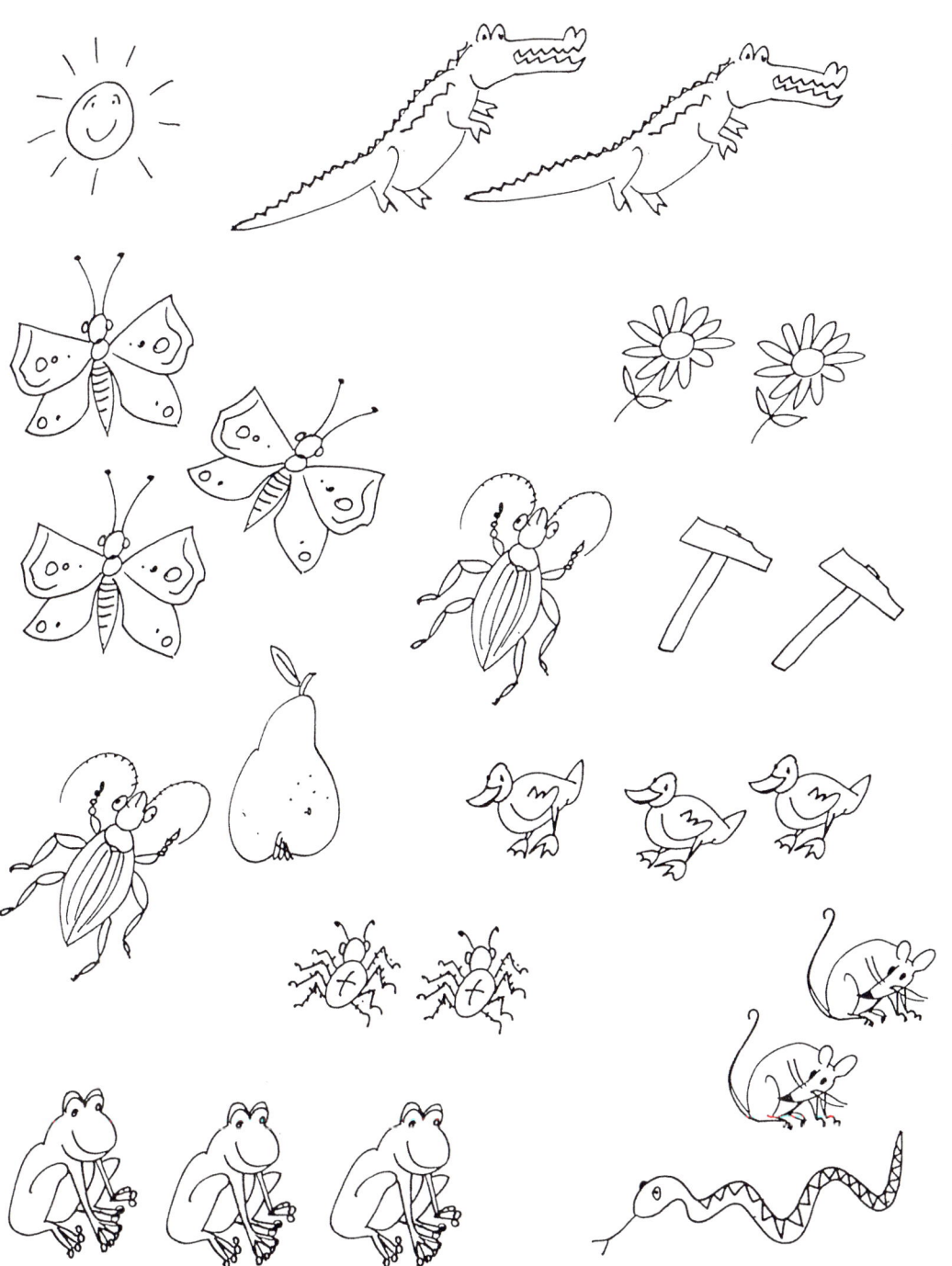

Was ist 2-mal da?

Male die Sachen, die 2-mal abgebildet sind, jeweils mit der gleichen Farbe aus.

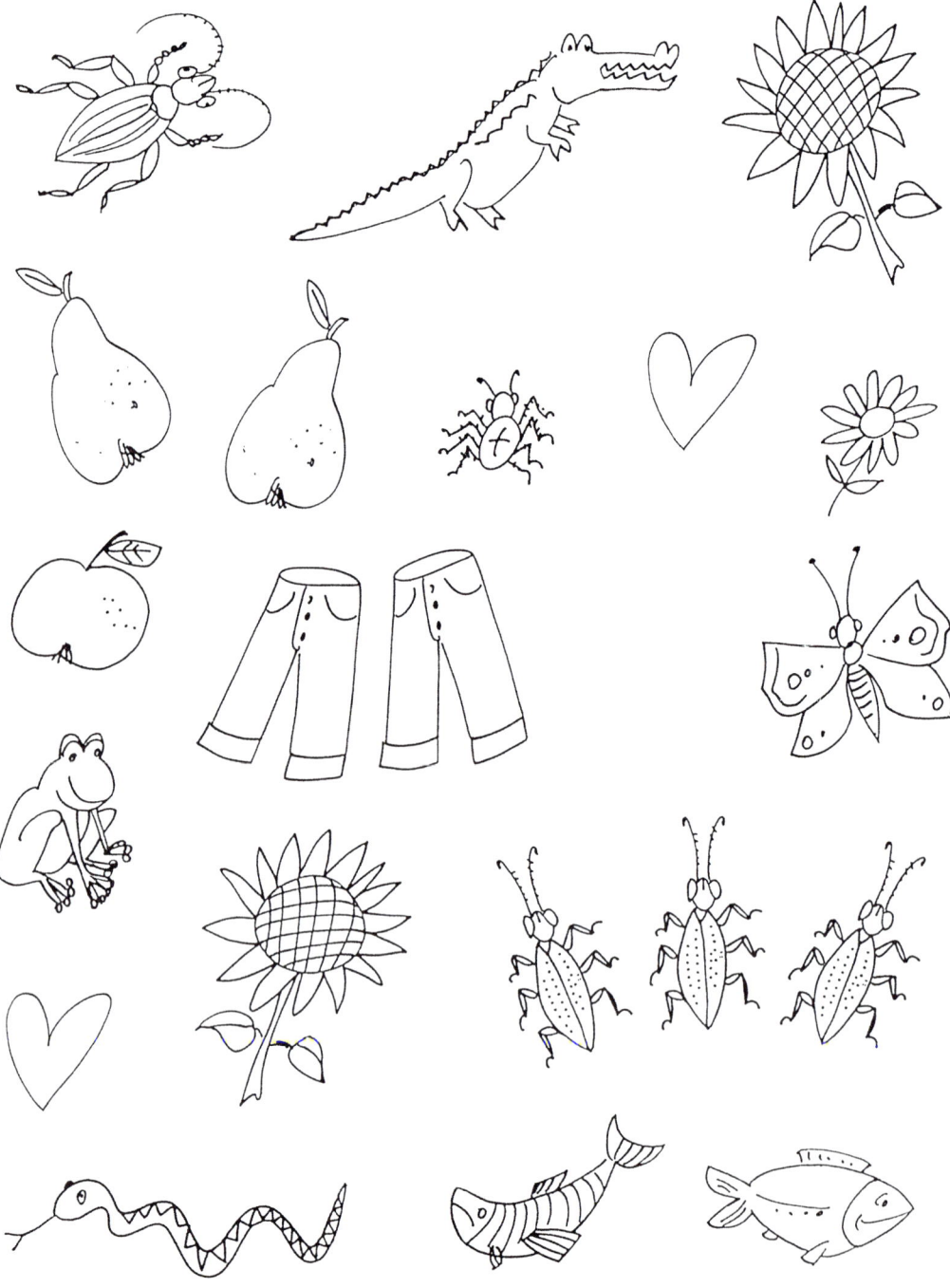

Was ist 3-mal da?

Hast du alle Sachen entdeckt, die auf dem Bild 3-mal zu sehen sind?
Male sie jeweils mit der gleichen Farbe aus.

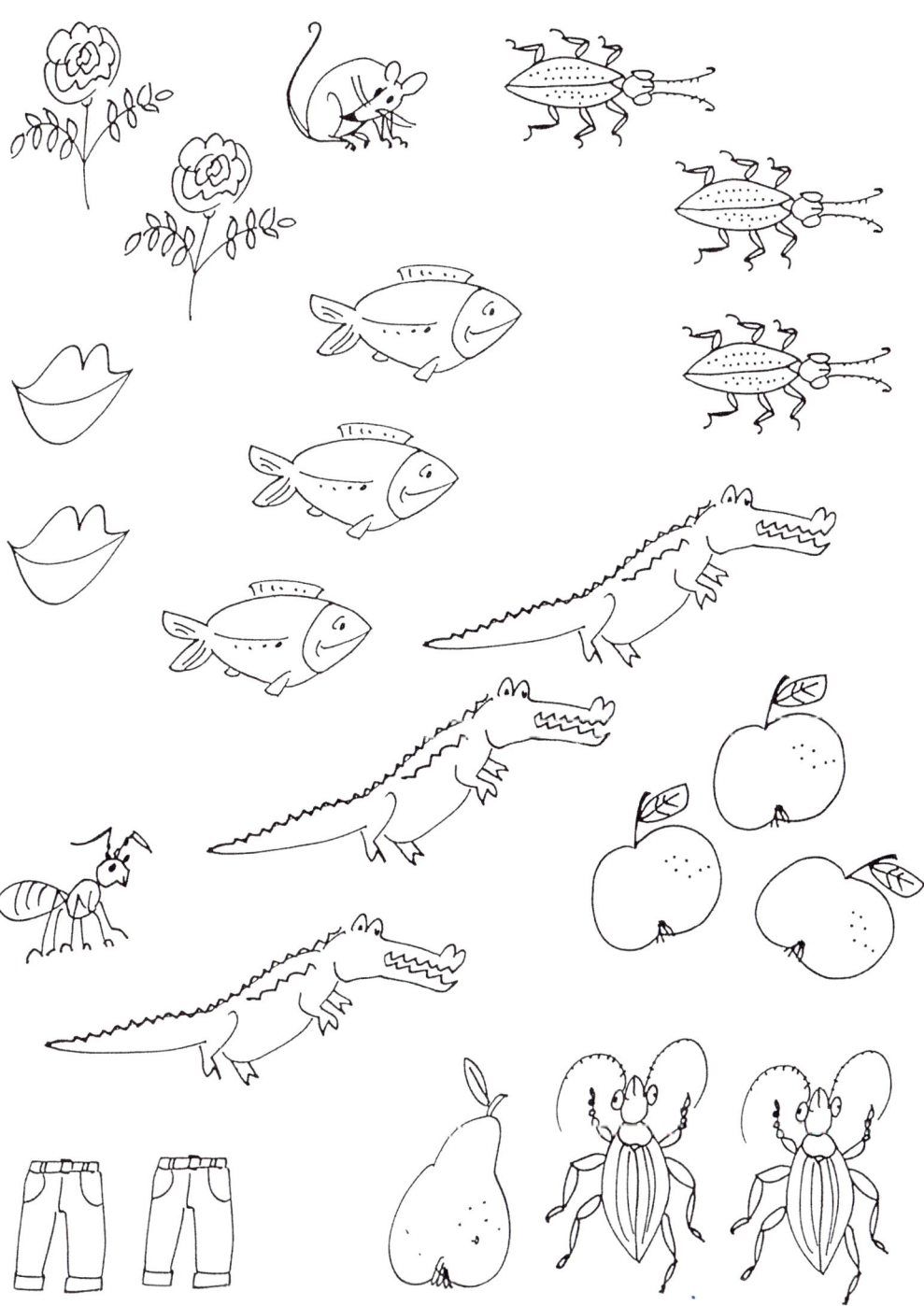

Was ist 4-mal da?

Und auf diesem Bild gibt es einige Dinge gleich 4-mal. Male alles, was du 4-mal siehst, mit jeweils einer Farbe aus.

Was ist 5-mal da?

Wie viele Finger sind an deiner Hand? Genau, fünf. Und auf dieser Seite sind einige Dinge 5-mal gemalt. Findest du sie alle? Nimm wieder jeweils eine Farbe für die gleichen Gegenstände.

Wie geht's nach Hause?

Die kleine Ameise findet den Weg zu ihrem Ameisenhaufen nicht mehr. Hilfst du ihr? Male alle Kreise, in denen du eine 5 entdeckst, mit derselben Farbe aus. Diesen Weg muss die Ameise nehmen.

Schneckensalat

Wie viele Schnecken knabbern jeweils an den Salatköpfen? Zähle die Schnecken und schreibe die Anzahl der Schnecken in das jeweilige Kästchen.

Von 1 bis 5

Versuch doch einmal, die Ziffern von 1 bis 5 zu schreiben. Auf dem linken Bild ist gezeigt, wie es geht. Übe zuerst auf den hellgrauen Ziffern, und schreibe dann alleine die Zeile mit den Ziffern voll.

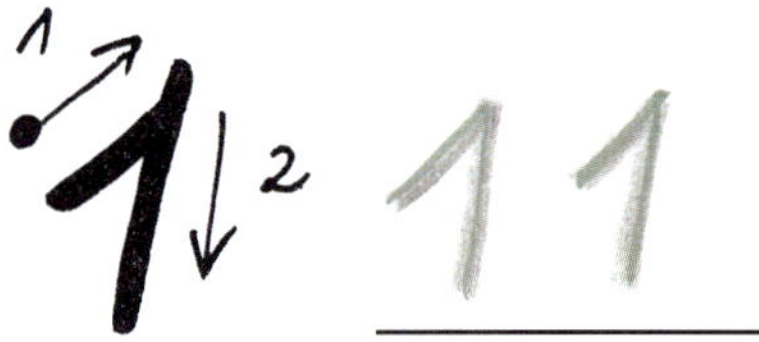

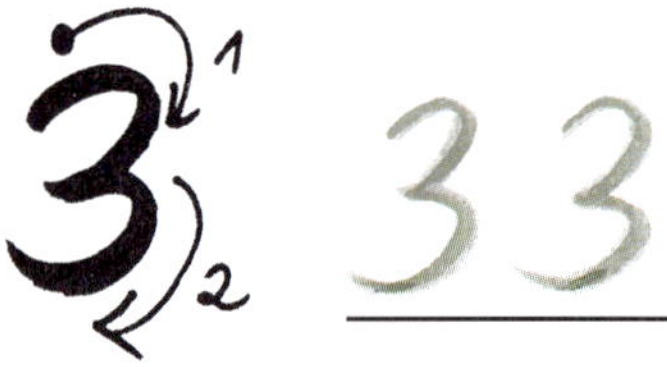

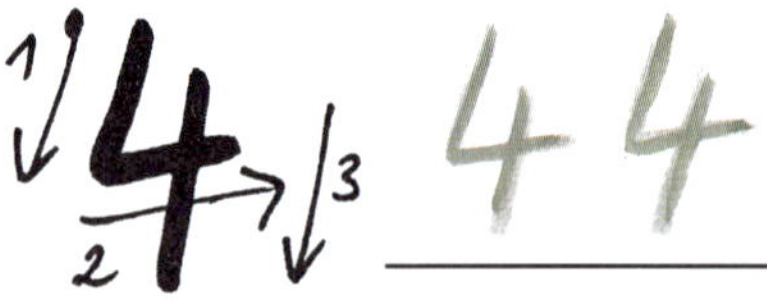

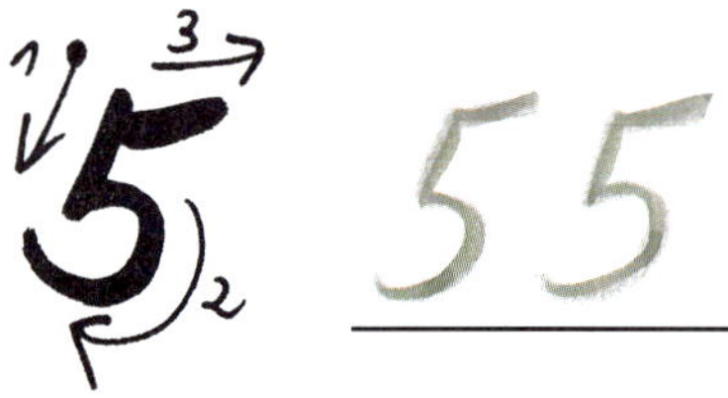

zählen und Rechnen

1   11

2   22

3   33

4   44

5   55

Was ist 6-mal da?

Nun heißt es, bis 6 zu zählen. Was ist auf dem Bild 6-mal vorhanden? Male diese Gegenstände mit jeweils einer Farbe aus.

Welche Zahl hast du gewürfelt?

Ein Würfel hat 6 Seiten, und auf jeder Seitenfläche ist eine bestimmte Anzahl Punkte – die so genannten »Augen«. Zähl die Würfelaugen, und schreib die Zahl in das Kästchen neben dem Würfel.

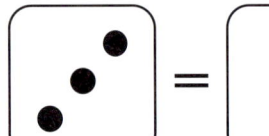 = 1   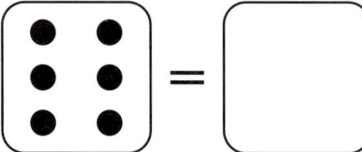 =

Was ist 7-mal da?

Es ist gar nicht so einfach, alle Dinge, die 7-mal abgebildet sind, zu finden. Versuch es und male die Dinge, die du 7-mal zählst, mit jeweils derselben Farbe aus.

Ein bunter Blumenstrauß

Ein riesiger Blumenstrauß wartet darauf, dass du ihn bunt ausmalst. Male die Blumen, die mit der gleichen Ziffer versehen sind, immer mit derselben Farbe aus. Zum Beispiel kannst du alle Blumen, die mit einer 1 gekennzeichnet sind, rot, alle Blumen, auf denen du eine 2 siehst, blau ausmalen und so fort.

Was ist 8-mal da?

Einige Dinge sind hier 8-mal dargestellt. Nur diese Sachen sollst du mit Buntstift ausmalen. Verwende für alle Dinge, die du 8-mal zählst, jeweils die gleiche Farbe.

Wer hat wie viele Beine?

Wie heißen denn die Tiere auf dem Bild? Zähl doch mal nach, wie viele Beine jedes Tier hat, und schreibe die richtige Zahl in den Kreis neben dem Tier. Und wie viele Beine hast du?

Wer hat 9 Pilze gesammelt?

In jedem Korb sind unterschiedlich viele Pilze. In welchem Korb zählst du 9 Pilze? Und übrigens, wie viele Körbe sind abgebildet?

Auf dem Parkplatz

Auf dem riesigen Parkplatz vor dem Supermarkt sind nicht mehr viele
Plätze frei. Wie viele Autos parken in jeder Reihe? Schreibe die Zahl in
das Kästchen daneben.

Bis 10 zählen

Wie viele Finger hast du an deiner linken Hand? Zähle sie und schreibe die Anzahl in das Kästchen darüber. Und wie viele Finger hast du an deiner rechten Hand? Zähle auch sie und schreibe das Ergebnis in das andere Kästchen. Wie viele Finger hast du an beiden Händen zusammen? Schreibe diese Zahl in das letzte Kästchen.

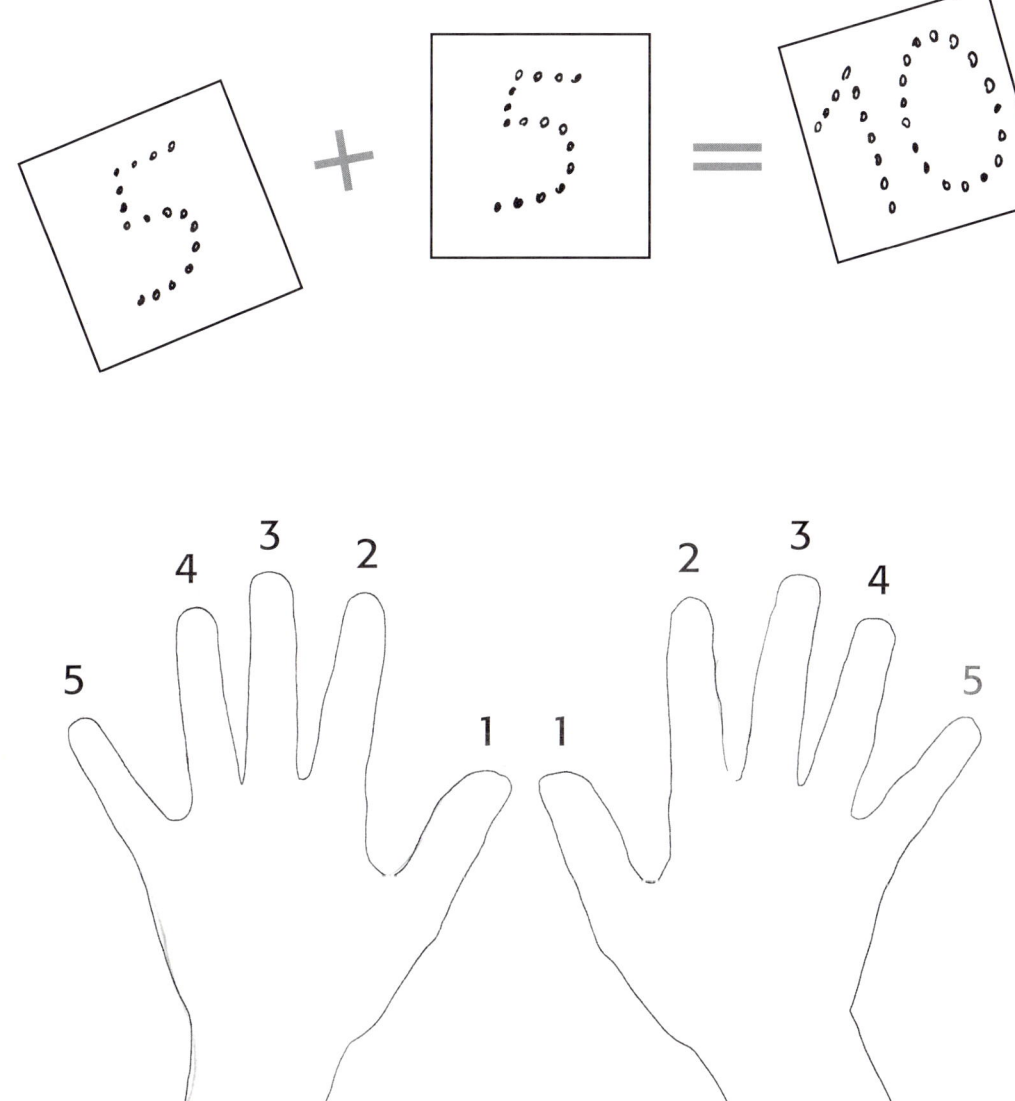

Fleißige Bienchen

Die Bienen fliegen aus, um Honig zu sammeln. Jedes fleißige Bienchen ist mit einer Zahl versehen. Unter dem Bienenstock siehst du Blumen mit unterschiedlich vielen Blüten. Jedes Bienchen soll zum Honigsammeln zu der Blume fliegen, deren Anzahl der Blüten mit der Zahl übereinstimmt, die dem Bienchen zugewiesen wurde. Das Bienchen mit der Zahl 4 muss sich also die Blume suchen, die 4 Blüten hat. Wenn du weißt, welche Biene zu welcher Blume fliegen soll, dann verbinde die beiden mit einer Linie.

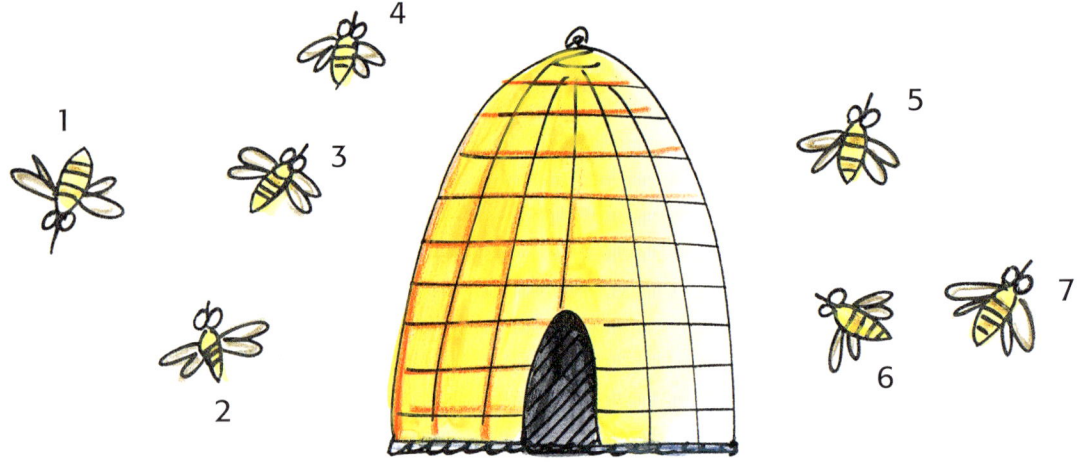

Zahlen von 6 bis 10 schreiben

Jetzt darfst du die Zahlen von 6 bis 10 schreiben. Hier siehst du, wie es geht. Übe zuerst auf den hellgrauen Zahlen, bevor du die Zeile ganz mit Zahlen füllst.

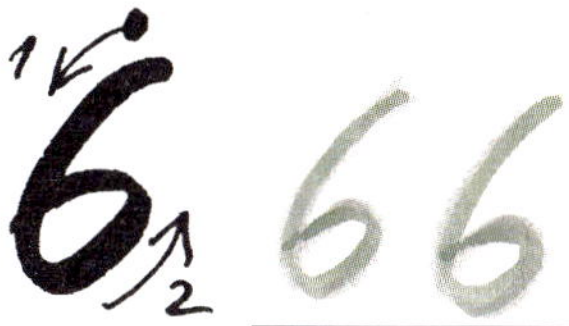

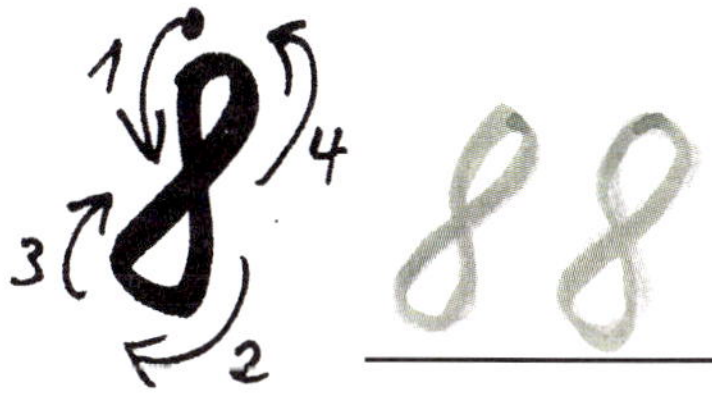

6 66 _____

7 77 _____

8 88 _____

9 99 _____

10 10 10 _____

Logisches Denken

Das Vorschulalter ist die Zeit des allmählichen Übergangs von einer kindlich naiven Weltsicht zu einer Sicht der Dinge und Zusammenhänge, die sich mehr und mehr an der Realität orientiert. Hin und her gerissen zwischen der Welt der Märchen, Mythen und Träume einerseits und dem Erkennen der realen Anforderungen und Gegebenheiten andererseits entwickelt sich im fortgeschrittenen Vorschulalter immer stärker die Fähigkeit, kausale Zusammenhänge zu erkennen und logische Schlussfolgerungen zu ziehen.

Die Grundlagen dafür sind Sicherheit in der Beurteilung räumlicher, zeitlicher und logischer Zusammenhänge. Das Kind sollte lernen, Begriffsgrößen wie davor, dahinter, darüber, darunter, größer, kleiner, links, rechts, mehr, weniger usw. zu beherrschen. Es sollte ein Gefühl für die Unterschiede zwischen Märchenwelt und Realität, Wunschdenken und Machbarem bekommen. Es sollte – im Rahmen seiner Erfahrungswelt – Kategorien bilden, Dinge auf ein bestimmtes Kriterium hin beurteilen und zuordnen können.

Die in dieses Kapitel aufgenommenen Spiele, Übungen und Rätselfragen zur Förderung des logischen Denkvermögens machen Ihrem Kind bestimmt viel Spaß.

Was stimmt hier nicht?

In diesem Bild haben sich ein paar Fehler eingeschlichen. Kreise ein, was nicht stimmt.

Über und Auf

Logisches Denken

Was siehst Du auf den beiden Bildern? Wer strahlt über den Wolken? Wer fliegt über den Hügeln? Wer sitzt auf den Leitungen? Fallen Dir noch mehr Beispiele ein?

Auf und Unter

Was siehst Du auf den beiden Bildern? Wer schwimmt unter Wasser? Wer taucht unter dem U-Boot? Wer schwimmt auf dem Wasser? Fallen Dir noch mehr Beispiele ein?

Im Karpfenteich

Im und auf dem Karpfenteich ist ganz schön was los. Auf dem Wasser schwimmt eine große Entenfamilie, und unter Wasser tummeln sich die Fische. Alle Fische, die nach rechts schwimmen, sind besonders schön bunt. Male sie aus. Und in welche Richtung schwimmt die Entenfamilie? Schwimmen alle Enten in die gleiche Richtung?

Spuren im Schnee

Hoppla, wer ist denn hier so wild durcheinander im frischen Schnee gelaufen. Weißt du, welches Tier welche Abdrücke hinterlassen hat? Wenn ja, dann male das Tier und seine Spuren in einer Farbe aus.

Höher, schneller, weiter

Tiere oder Fahrzeuge kommen auf der Erde, in der Luft oder im Wasser unterschiedlich schnell voran. Wer oder was läuft oder fährt am schnellsten? Wer oder was kann am höchsten fliegen? Wer oder was schwimmt am weitesten?

Wer isst was?

Was meinst du, wer was am liebsten isst? Natürlich mag der Hase kein Brathähnchen. Was passt zusammen? Wenn du es weißt, dann zeichne Verbindungslinien ein.

Was kommt woher?

Die Natur versorgt uns mit Lebensmitteln, die wir direkt beim Bauern oder im Laden kaufen können. Weißt du, woher die einzelnen Lebensmittel kommen? Ordne sie den Tieren und Pflanzen zu.

Was passt nicht dazu?

In jeder Reihe sind Tiere oder Dinge abgebildet, die etwas gemeinsam haben. Findest du diese Gemeinsamkeit heraus? Was passt nicht dazu und warum nicht?

Rätselfragen

Vielleicht kennst du schon die Antwort auf die eine oder andere dieser Rätsel- oder Scherzfragen – aber ganz bestimmt nicht alle. Überlege gut, sicher fällt dir die Lösung ein – und wenn nicht, dann steht sie auf der Seite 87, unten.

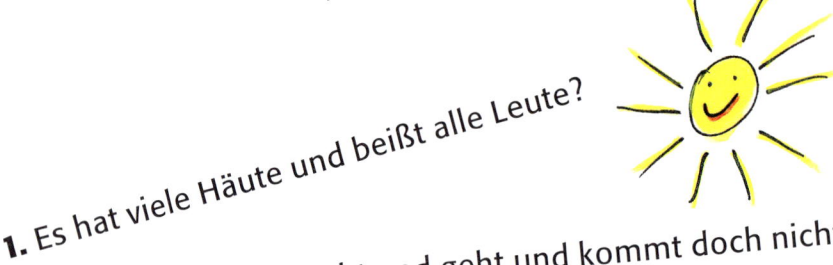

1. Es hat viele Häute und beißt alle Leute?

2. Es geht und geht und kommt doch nicht von der Stelle.

3. Was hängt an der Wand ohne Nagel und Band?

4. Was ist fertig und wird doch jeden Tag gemacht?

5. Wie kann man Wasser in einem Sieb tragen?

6. Welcher Hut passt auf keinen Kopf?

7. Er geht übers Feld und bewegt sich nicht.

8. Welcher Baum hat keine Wurzeln?

9. Wer geht durch Fensterscheiben und zerbricht sie nicht?

10. Was geht übers Wasser und wird nicht nass?

11. Was springt ohne Beine?

Logisches Denken

12. Welcher Abend fängt schon morgens an?

13. Was hört ohne Ohren, spricht ohne Mund und redet in allen Sprachen?

14. Welcher Stuhl hat keine Beine?

15. Wer hat einen Kamm und kämmt sich nicht?

16. Mal ist es kalt, mal ist es heiß, mal ist es Eis, was ist das?

17. Welche Mühle hat keinen Bach?

18. Welche Nadeln eignen sich nicht zum Nähen?

20. Es brennt und brennt und brennt nicht ab, was mag das sein?

19. Welcher Vogel sagt seinen Namen?

21. Alle Tage geh ich aus, bleibe dennoch stets zu Haus. Wer bin ich?

22. Wer sitzt immer auf dem Dach und raucht?

Rätselreime

Es ist gar nicht so einfach, diese Rätselreime aufzulösen. Denk mal genau nach, dann kannst du das Geheimnis bestimmt lüften. Wenn nicht, findest du die Lösungen unten auf dieser Seite.

Du siehst es stets bei Sonnenschein,
am Mittag ist es kurz und klein,
und wächst bei Sonnenuntergang,
und wird gar wie ein Baum so lang.

Erst weiß wie Schnee,
dann grün wie Klee,
dann rot wie Blut,
schmeckt allen Kindern gut.

Es hat einen Rücken und kann nicht liegen,
zwei Flügel hat's und kann nicht fliegen,
es hat ein Bein und kann nicht stehn,
laufen kann es, doch nicht gehn.

Ein rotes Jäckchen,
ein schwarzes Käppchen,
ein Bauch voller Stein,
was mag das sein?

Größer oder kleiner

Es sind jeweils zwei Tiere oder Gegenstände neben- oder untereinander gezeichnet, die ähnlich aussehen und auf dem Bild gleich groß sind. Immer eines der abgebildeten Dinge oder Tiere ist aber in Wirklichkeit größer als das andere. Wenn du weißt, welches es ist, kreise das Größere ein.

Vergrößerungen

Auf der rechten Bildhälfte siehst du vier Gegenstände untereinander. Kennst du sie alle? Auf der linken Bildhälfte siehst du jeweils einen kleinen Ausschnitt dieser Gegenstände vergrößert dargestellt. Welcher Ausschnitt gehört wohl zu welchem Gegenstand? Verbinde die zusammengehörenden Bilder jeweils mit einer Linie.

Vertauscht!

Also irgendwie sehen die Tiere auf dem Bild doch komisch aus, oder? Richtig, die Giraffe, der Gepard, der Tiger, die Kuh, der Pavian und das Zebra haben ihre »Kleider« vertauscht. Wer hat wessen Kleid an?

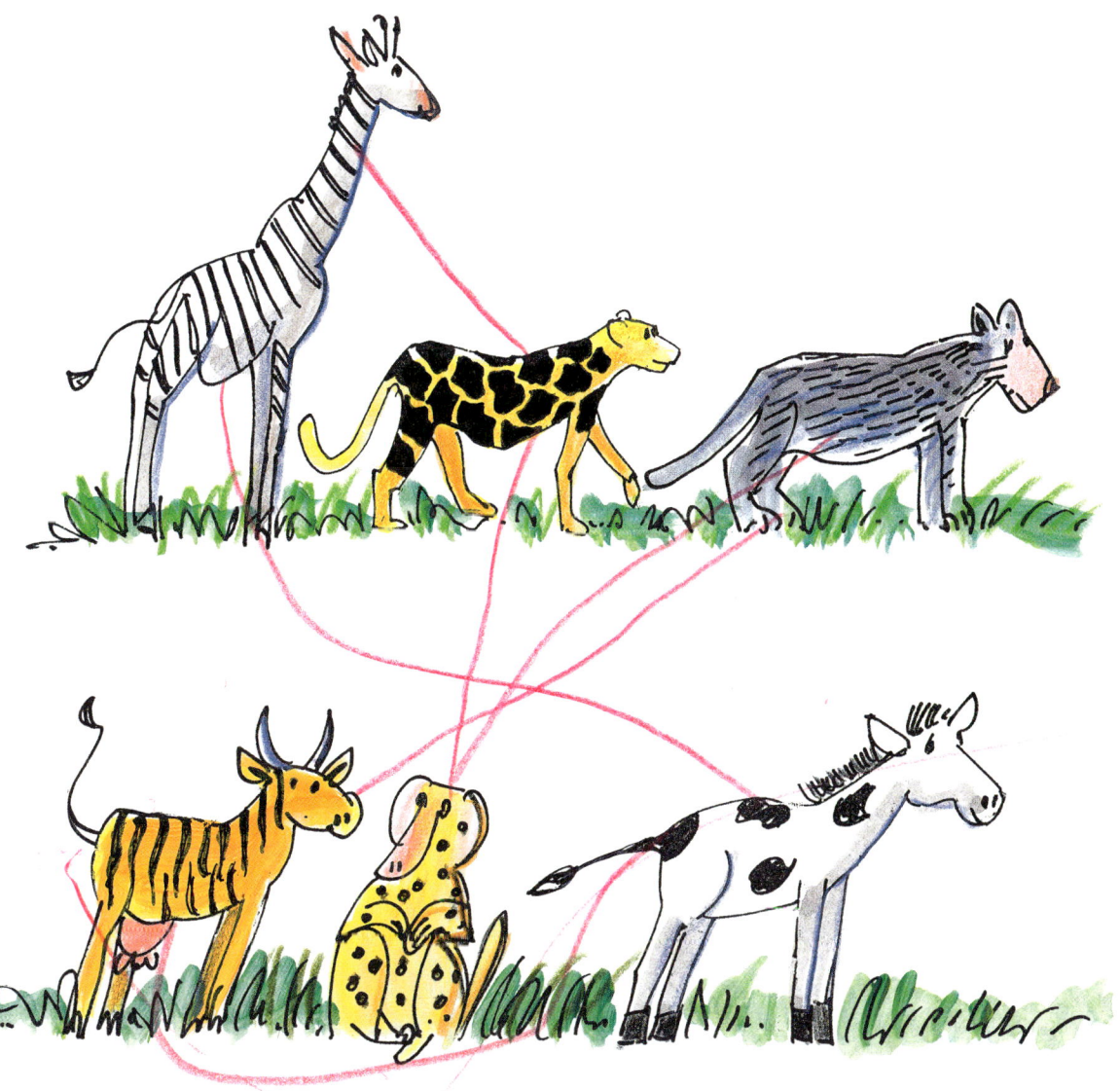

Musik und Bewegung

Bewegung ist ein ganz entscheidender Faktor bei der Entwicklung eines Kindes, ist sie doch ein Weg, die Umwelt zu erkunden. In der Bewegung erfährt das Kind ein natürliches Körperbewusstsein. Mit der Fähigkeit zu krabbeln, zu stehen und zu gehen erweitert das Kleinkind schrittweise seinen Erfahrungs- und Erlebnishorizont. Auch können Gefühle, zum Beispiel Aggressionen, durch motorische Handlungen freigesetzt und abgebaut werden. Der Begriff »Austoben« hat also eine ganz elementare Bedeutung.

Singen und Musizieren, Laute überhaupt, sind schon für das Kleinkind eine wichtige Brücke zur Umwelt. Schon bei Föten im Mutterleib und bei Neugeborenen, deren Sehkraft noch nicht voll entwickelt ist, erregen Geräusche aller Art ihre Aufmerksamkeit. Lieder sind eine Möglichkeit, die kindliche Ausdrucksfähigkeit zu schulen, das Selbstvertrauen zu festigen und die Kommunikationsfähigkeit zu verbessern.

Die folgenden Übungen dienen der musikalischen Frühförderung Ihres Kindes. Sie können mit nur einem Kind oder in der Gruppe durchgeführt werden.

Brummen und laufen

Bestimmt kennst du den dicken, braunen Maikäfer, der an lauen Sommerabenden durch die Luft brummt. Meistens fliegt er eher langsam, aber manchmal kommt es vor, dass er es eilig hat, und dann kann er auch richtig schnell fliegen. Stell dir vor, du bist ein Maikäfer und drehst an einem schönen Sommerabend deine Runden im Garten. Brumm doch mal los, aber nicht zu schnell! Wenn du langsam läufst, brummst du einen tiefen Ton, bist du schneller unterwegs, dann brummst du höher. Stimme also dein Brummen auf deine Geschwindigkeit ab!

Hinweis für Eltern ▶ Geben Sie Ihrem Kind durch hohes oder tiefes Brummen die Geschwindigkeit vor; achten Sie darauf, wie gut es die Tonhöhen unterscheiden und seine Laufgeschwindigkeit anpassen kann.

Summ, summ, summ

Die emsigen Bienen schwirren auf der Suche nach duftenden Blüten umher und geben dabei einen leisen Summton von sich. Fleißig sammeln sie Honig und bringen ihn zum Bienenstock. Möchtest du auch einmal wie eine Biene umhersummen? Dann sing dieses Lied, und schwirre wie ein Bienchen herum.

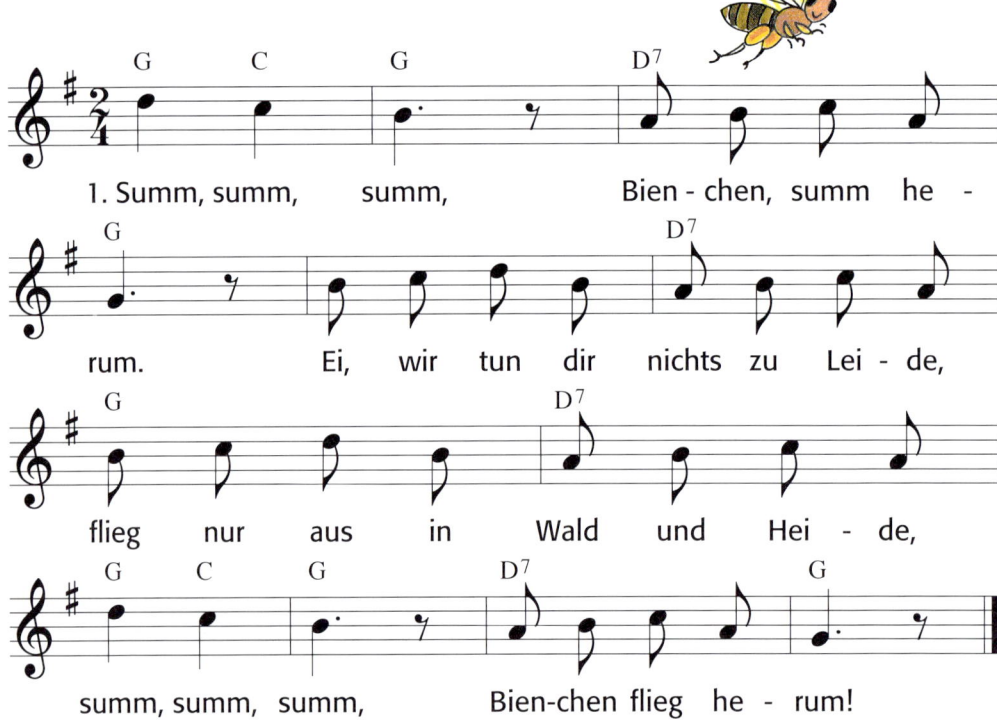

2. Summ, summ, summ, Bienchen summ herum. Such in Blumen, such in Blümchen, dir ein Tröpfchen, dir ein Krümchen. Summ, summ, summ, Bienchen summ herum!

3. Summ, summ, summ, Bienchen summ herum. Kehre heim mit reicher Gabe, bau uns manche volle Wabe. Summ, summ, summ, Bienchen summ herum!

Hinweis für Eltern ▶ Dieses Singspiel eignet sich vor allem für kleinere Kinder. Melodie und Text prägen sich leicht ein. Regen Sie Ihr Kind dazu an, sich im Rhythmus der Melodie zu bewegen.

Häschen in der Grube

Spiel doch das Lied vom Häschen nach, während du es singst. Zuerst
kauert das Häschen ganz still in der Grube, dann hüpft es umher. In
der zweiten Strophe, wenn der Hund in der Nähe ist, schaut es sich
aufmerksam um, bevor es schnell aufspringt und wegläuft.

1. Häs - chen in der Gru - be saß und
2. Häs - chen, vor dem Hun - de hü - te

schlief, saß und schlief! Ar - mes Häs - chen
dich, hü - te dich! Er hat ei - nen

bist du krank, dass du nicht mehr hüp - fen kannst?
schar - fen Zahn, packt da - mit mein Häs - chen an.

Häs-chen hüpf, Häs-chen hüpf, Häs - chen hüpf!
Häs-chen lauf, Häs-chen lauf, Häs - chen lauf!

Musikinstrumente erfinden

Was Lärm macht, Töne von sich gibt und besondere Geräusche verursacht, fasziniert alle Kinder. Basteln Sie mit Ihrem Kind Musikinstrumente aus ganz gewöhnlichen Gegenständen bzw. Materialien, und halten Sie es dabei dazu an, auch auf Klang und Rhythmus zu achten.

Gläserorgel: Saftgläser, mit unterschiedlich viel Wasser gefüllt, klingen sanft und schön, wenn man sie leicht mit einem Holzkochlöffel anschlägt. Versuchen Sie gemeinsam mit Ihrem Kind, die Melodie von »Hänschen klein« oder »Alle meine Entchen« zu spielen – die entsprechenden Töne lassen sich schnell finden.

Dünnwandige Weingläser oder Sektkelche kann man zum Klingen bringen, wenn man sie mit etwas Wasser füllt und mit dem angefeuchteten Finger beinahe ohne Druck langsam den Rand entlangfährt. Auch hier beeinflusst der Füllstand die Tonhöhe.

Rasseldosen: Leere Dosen und Gläser, gefüllt mit Sand, Steinchen oder Erbsen, geben je nach Inhalt mehr oder weniger kräftige Töne von sich, wenn sie geschüttelt oder geschlagen werden.

Trommeln: Kochtöpfe und leere Waschmitteltonnen sind hervorragende Trommeln, die sich, unter den einen Arm geklemmt, mit einem Holzlöffel schlagen lassen.

Panflöte: Leere Röhrchen wie etwa alte Filzstifte oder kleinere Tablettenröhrchen lassen sich mit Klebeband zu einer Panflöte zusammenfügen. Je nach Länge und Durchmesser der (unten geschlossenen) Röhrchen, entlockt man ihr verschieden hohe Töne, indem man über den oberen Rand wegbläst.

Zirpender Luftballon: Ein aufgeblasener Luftballon, dessen Öffnung mit Daumen und Zeigefinger beider Hände gedehnt wird, gibt beim Entweichen der Luft die herrlichsten Quietsch- und Zirptöne von sich. Mit etwas Übung lässt sich sogar eine einfache Melodie spielen.

Schellenbrett: Verschiedene Blechstücke wie Kronkorken oder kleinere Deckel von Marmeladengläsern werden in der Mitte mit einem Loch versehen. Dann werden sie so auf ein schmales Brett genagelt, dass sie beim Schütteln gegeneinander schlagen und klingen können.

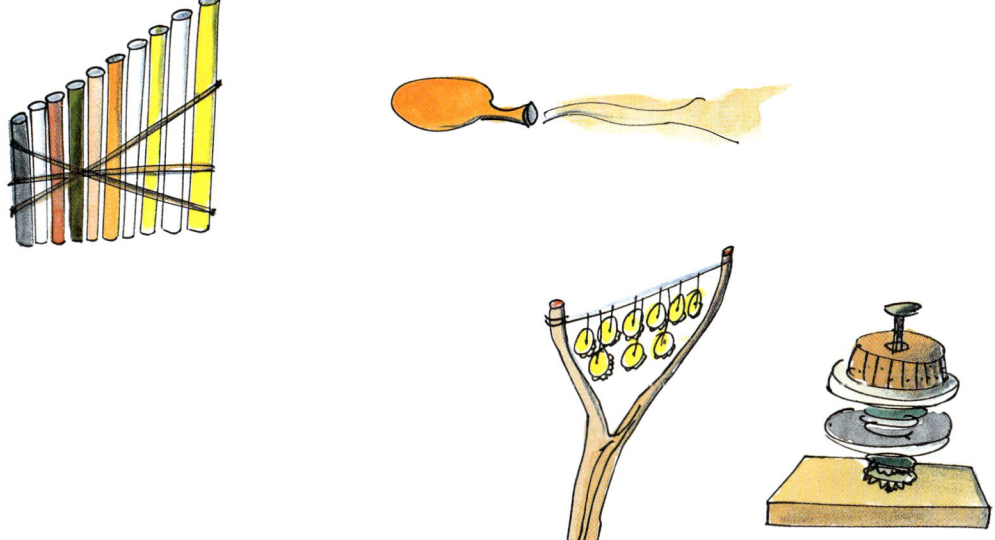

Der Hampelmann, der bin ich

Möchtest du hüpfen wie ein Hampelmann? Stell dich aufrecht, mit geschlossenen Beinen und angelegten Armen hin. Dann springt der Hampelmann in die Grätsche, schwingt die gestreckten Arme hoch und klatscht über dem Kopf in die Hände.

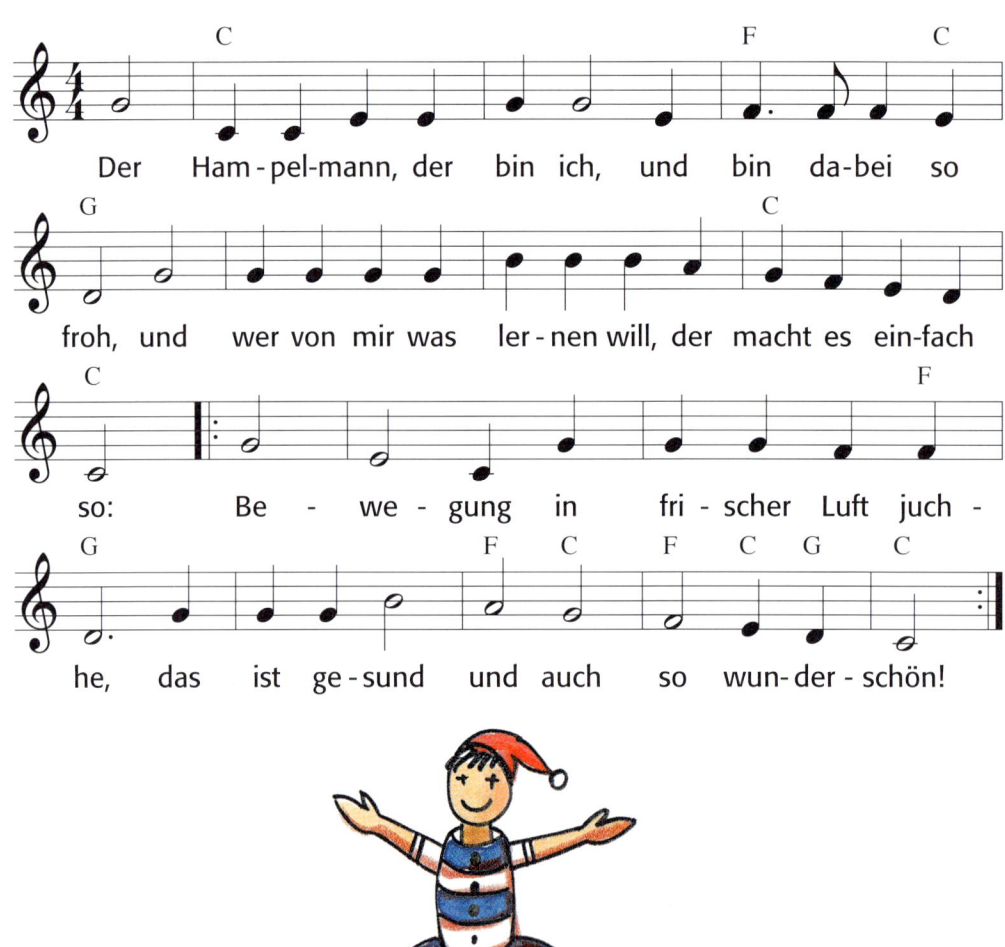

Der Ham-pel-mann, der bin ich, und bin da-bei so

froh, und wer von mir was ler-nen will, der macht es ein-fach

so: Be - we - gung in fri - scher Luft juch -

he, das ist ge - sund und auch so wun-der - schön!

Hinweis für Eltern ▶ Der Hampelmann kann auch andere Bewegungen machen, etwa Hochspringen und einen Halbkreis drehen oder Ähnliches. In der Kindergruppe ist ein Kind der Hampelmann, und die anderen machen seine Bewegungen nach, während alle gemeinsam das Lied singen.

Fleißige Handwerker

Die fleißigen Handwerker bauen an einem Haus, flicken Schuhe, nähen ein Kleid oder backen Brot. Wenn du auch einer von ihnen sein möchtest, sing und spiel einfach mit. Kennst du noch andere Handwerker als diejenigen, die im Lied vorkommen?

1.-9. Wer will flei - ßi - ge Hand - wer - ker sehn, der muss zu uns Kin - dern gehn. 1. Stein auf Stein, Stein auf Stein, das Häus-chen wird bald fer - tig sein.

2. Wer will fleißige Handwerker sehn, der muss zu uns Kindern gehn. Tauchet ein, tauchet ein, der Maler streicht die Wände fein.

3. Wer will fleißige Handwerker sehn, der muss zu uns Kindern gehn. Poch, poch, poch, poch, poch, poch, der Schuster flickt im Schuh das Loch.

4. Wer will fleißige Handwerker sehn, der muss zu uns Kindern gehn. Stich, stich, stich, stich, stich, stich, der Schneider näht ein Kleid für mich.

5. Wer will fleißige Handwerker sehn, der muss zu uns Kindern gehn. Rühre ein, rühre ein, der Kuchen wird bald fertig sein.

6. Wer will fleißige Handwerker sehn, der muss zu uns Kindern gehn. Tripp, trapp, trein, tripp, trapp, trein, jetzt geh'n wir von der Arbeit heim.

Grün, grün, grün

Für einige Farben gibt es in diesem Lied eine Strophe. Kennst du die Farben und die Berufe, die dazugehören? Wenn du den Text schon kennst, dann sing laut mit.

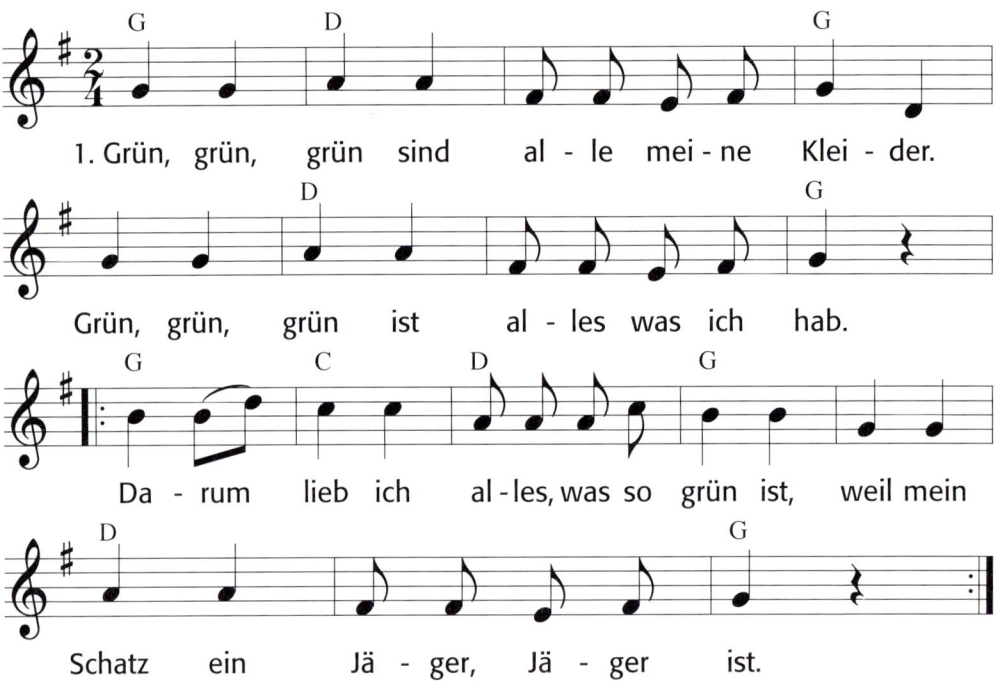

2. Blau, blau, blau sind alle meine Kleider, blau, blau, blau ist alles was ich hab. Darum lieb ich alles, was so blau ist, weil mein Schatz ein Seemann, Seemann ist.

3. Weiß, weiß, weiß sind alle meine Kleider, weiß, weiß, weiß ist alles was ich hab. Darum lieb ich alles, was so weiß ist, weil mein Schatz ein Bäcker, Bäcker ist.

4. Schwarz, schwarz, schwarz sind alle meine Kleider, schwarz, schwarz, schwarz ist alles was ich hab. Darum lieb ich alles, was so schwarz ist, weil mein Schatz ein Schornsteinfeger ist.

5. Rot, rot, rot sind alle meine Kleider, rot, rot, rot ist alles was ich hab. Darum lieb ich alles, was so rot ist, weil mein Schatz ein Feuerwehrmann ist.

Ein Männlein steht im Walde

Dieses Lied gibt dir ein Rätsel auf. Weißt du, wer das kleine Männlein mit dem purpurroten Mäntlein und der schwarzen Kappe ist?

1. Ein Männ-lein steht im Wal - de ganz still und stumm, es hat von lau - ter Pur - pur ein Mänt - lein um. Sag, wer mag das Männ - lein sein, das da steht im Wald al - lein mit dem pur-pur - ro - ten Män - te - lein.

2. Ein Männlein steht im Walde auf einem Bein, es hat auf seinem Haupte schwarz Käpplein klein. Sag, wer mag das Männlein sein, das da steht im Wald allein mit dem kleinen, schwarzen Käppe-lein?

Hinweis für Eltern ▶ Die Melodie dieses schönen Rätselliedes ist nicht ganz ein-fach, achten Sie daher darauf, dass Ihr Kind ohne Hast mitsingt.

Zeigt her eure Füße

Früher mussten die Waschfrauen noch fleißiger sein als heute, denn alle Wäsche wurde von Hand gewaschen. Davon handelt dieses Lied. Sing es und stell dar, was die Waschfrauen gemacht haben, wenn Waschtag war.

2. Zeigt her eure Füße, zeigt her eure Schuh, und sehet den fleißigen Waschfrauen zu. Sie spülen, sie spülen, sie spülen den ganzen Tag; sie spülen, sie spülen, sie spülen den ganzen Tag.
3. Zeigt her eure Füße, zeigt her eure Schuh, und sehet den fleißigen Waschfrauen zu. Sie wringen, sie wringen, sie wringen den ganzen Tag; sie wringen, sie wringen, sie wringen den ganzen Tag.

4. Zeigt her eure Füße, zeigt her eure Schuh, und sehet den fleißigen Waschfrauen zu. Sie hängen, sie hängen, sie hängen den ganzen Tag; sie hängen, sie hängen, sie hängen den ganzen Tag.

5. Zeigt her eure Füße, zeigt her eure Schuh, und sehet den fleißigen Waschfrauen zu. Sie bügeln, sie bügeln, sie bügeln den ganzen Tag; sie bügeln, sie bügeln, sie bügeln den ganzen Tag.

6. Zeigt her eure Füße, zeigt her eure Schuh, und sehet den fleißigen Waschfrauen zu. Sie legen, sie legen, sie legen den ganzen Tag; sie legen, sie legen, sie legen den ganzen Tag.

7. Zeigt her eure Füße, zeigt her eure Schuh, und sehet den fleißigen Waschfrauen zu. Sie trinken, sie trinken, sie trinken immerzu; sie trinken, sie trinken, sie trinken immerzu.

8. Zeigt her eure Füße, zeigt her eure Schuh, und sehet den fleißigen Waschfrauen zu. Sie essen, sie essen, sie essen immerzu; sie essen, sie essen, sie essen immerzu.

9. Zeigt her eure Füße, zeigt her eure Schuh, und sehet den fleißigen Waschfrauen zu. Sie schlafen, sie schlafen, sie schlafen schließlich ein; sie schlafen, sie schlafen, sie schlafen schließlich ein.

10. Zeigt her eure Füße, zeigt her eure Schuh, und sehet den fleißigen Waschfrauen zu. Sie tanzen, sie tanzen, sie tanzen aus lauter Freud'; sie tanzen, sie tanzen, sie tanzen aus lauter Freud'.

Hinweis für Eltern ▶ Musik und Bewegung gehen auch bei diesem alten Singspiel Hand in Hand. Manche der Strophen können auch mehrfach gesungen werden, etwa wenn besonders schmutzige Wäsche länger gewaschen oder sehr viel Wäsche aufgehängt und gebügelt werden muss.

Bewegungsspiele mit Musik

Bewegung und Aktivität sind für Kinder im Vorschulalter ein Grundbedürfnis, man muss sie also nicht eigens dazu ermuntern. Bewegung kombiniert mit Rhythmus und Spielen macht den Kindern noch einmal so viel Spaß. Dabei werden spielerisch wichtige Körperfunktionen wie Motorik, Gleichgewichtssinn, Rhythmussensibilität und die Muskelentwicklung gefördert.

Wenn das Wetter ein ausgiebiges Toben im Freien nicht erlaubt, lassen sich mit einfachen Mitteln Bewegungsspiele in den eigenen vier Wänden durchführen. Als Grundausstattung empfiehlt sich ein Radio-Kassetten-Gerät zum Abspielen von Liedern, die in der Geschwindigkeit zur jeweiligen Übung passen.

Zu den Klängen eines nicht allzu langsamen Liedes lässt sich der Hula-Hoop-Reifen gut einsetzen. Er muss mit kreisenden Hüftbewegungen und wenn möglich im Takt der Musik auf Bauchhöhe gehalten werden.

Ein Hüpfball, wie ihn viele Kinder zu Hause haben, kann auch zum Takt von möglichst langsamer Musik eingesetzt werden. Das Hüpfen im Takt, ohne gegeneinander oder gegen Hindernisse zu stoßen, erfordert Geschicklichkeit, Kraft und Konzentration.

Ein kurzes Stöckchen, vielleicht ein Kochlöffel, versehen mit einem bunten Seiden- oder Stoffband, kann im Takt der Musik durch die Luft geschwungen werden. Großräumige, kreisende Bewegungen und Schnörkel werden von einem leichten, langen Band besonders schön nachgezeichnet.

Seidenschals oder Tücher, die in der Hand gehalten oder in den Gürtel gesteckt werden, verleihen den Bewegungen Anmut und Schwung. Ein Fangspiel lässt sich mit mehreren Kindern spielen, die sich gegenseitig die Tücher entreißen müssen, wenn die Musik stoppt. Sobald sie wieder einsetzt, müssen alle Kinder erneut in harmonischen, fließenden Bewegungen durchs Zimmer tanzen.

Ein ausgemustertes Kleid der Mutter oder das alte Sakko des Vaters können als Utensil zu einem Tanz im Flatterlook verwendet werden.

Motorik und Geschicklichkeit

Durch die Motorik, die vom Gehirn gesteuerte, koordinierte Bewegung also, hat sich das Kind spätestens ab dem Krabbelalter seine Umwelt mehr und mehr erfahrbar gemacht, gewissermaßen »erobert«. Sie bildet eine Art Brücke zwischen der realen Außenwelt und der Innenwelt des Kindes mit seinen Träumen, Hoffnungen und Wünschen. Aus der Tatsache, ob ein Kind zu zielgerichteten und erfolgsorientierten Bewegungsabläufen in der Lage ist, können Rückschlüsse auf geistige Reife und eventuelle Entwicklungsverzögerungen gezogen werden. Umgekehrt bedeutet eine Förderung motorischer Fähigkeiten eine Unterstützung sensorischer, geistiger und sozial-emotionaler Fertigkeiten.

Motorisch ungeschickte Kinder nehmen in Gruppen häufiger Außenseiterpositionen ein und sind oft ängstlicher und weniger selbstbewusst als motorisch geschicktere Kinder. Kinder im Vorschulalter sollten großräumige Bewegungsabläufe bereits beherrschen. Schulen können Sie diese unter anderem mit den Übungen im Kapitel »Musik und Bewegung«.

Im Folgenden stehen die Feinmotorik mit dosierter Kraftanwendung (Auge-Hand-Koordination), die Verbesserung der Balance, insbesondere aber die Geschicklichkeit der Hände und Finger im Mittelpunkt der Förderung. Schulen Sie die Feinmotorik Ihres Kindes im Alltag, indem Sie es versuchen lassen, sich selbstständig an- und auszuziehen, Knöpfe selbst zu schließen und Schleifen zu binden.

Enten ausschneiden

Hier schwimmt eine Entenfamilie. Male selbst eine Entenschar auf ein Blatt Papier, oder lass dir von Mama oder Papa ein paar Enten zeichnen, male sie aus und schneide sie aus. Dann kannst du sie entweder der Größe nach geordnet aneinander reihen oder sie auch bunt durcheinander schwimmen lassen. Zeichne auf ein leeres Blatt Papier einen See oder Bach, wo deine Enten zu Hause sind, und klebe sie auf.

Ketten fädeln

Hast du dir schon einmal deine eigene Kette – etwa aus Knöpfen, Nudeln, Gänseblümchen oder sogar aus Popcorn – gemacht? Egal, ob es eine Halskette, eine Kette fürs Handgelenk oder eine lange Zierkette werden soll, solche selbst gemachten Ketten sehen toll aus und sind auch gar nicht schwer zu machen. Du brauchst nur einen Perlonfaden oder einen anderen stabilen Faden, auf den du zum Beispiel die Knöpfe auffädeln kannst. Probier ruhig alle möglichen Zusammenstellungen aus, schließlich kannst du die Kette immer wieder auflösen, wenn sie dir doch nicht gefällt. Besonders gut gelungene Ketten sind auch ein schönes Geschenk.

Hinweis für Eltern ▶ Das Auffädeln von Perlen und Knöpfen verlangt eine gewisse Fingerfertigkeit, die nicht oft genug spielerisch geübt werden kann. Dieses Spiel eignet sich auch schon für jüngere Vorschulkinder.

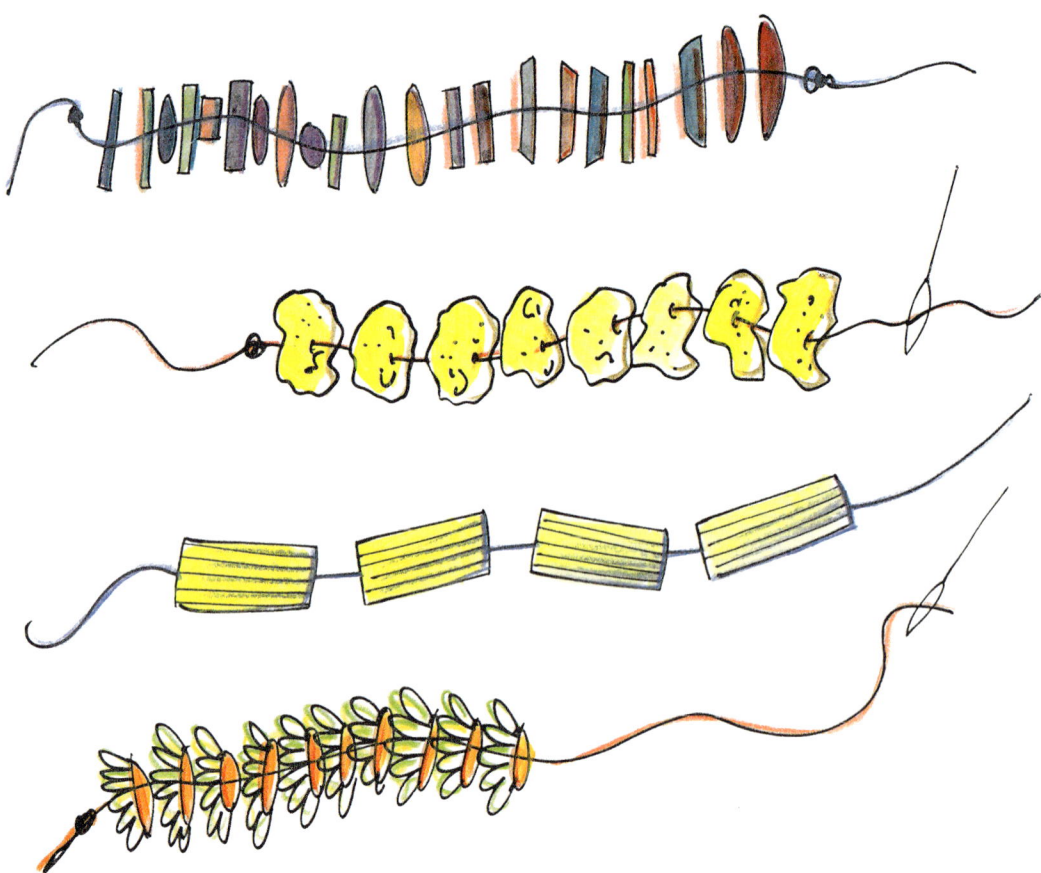

Türme bauen

Türme kannst du mit den verschiedensten Materialien bauen. Recht einfach sind Türme aus Steckbausteinen wie Lego. Sie halten gut, und darum ist es nicht schwer, alle vorhandenen Steine zu einem einzigen, hohen Turm zu verbauen. Nicht ganz so einfach ist es, einen Turm aus losen Bauklötzchen aufzuschichten. Versuch einmal, mit diesen einen möglichst hohen Turm zu bauen. Probier verschiedene Möglichkeiten aus: Wie musst du die Klötzchen legen, damit der Turm auch gut hält? Liegen die einzelnen Klötzchen immer auf einer Höhe? Hat dein Turm einen breiten Unterbau, und wird er nach oben zu immer schmaler? Besonderes Geschick brauchst du, wenn du aus Bierdeckeln oder Spielkarten einen Turm bauen willst.

Motorik und Geschicklichkeit

Lustige Fingerspiele

Kennst du witzige Verse für die Finger? Bastle Mützchen und Jäck-chen, und du kannst mit deinen Fingern ein kleines Theaterstück auf-führen. Schmück deine Finger doch einmal so, dass sie zu einem der folgenden Sprüche passen:

Das ist der Daumen,
der schüttelt die Pflaumen,
der liest sie auf,
der bringt sie nach Haus,
und der Kleinste isst sie alle auf!

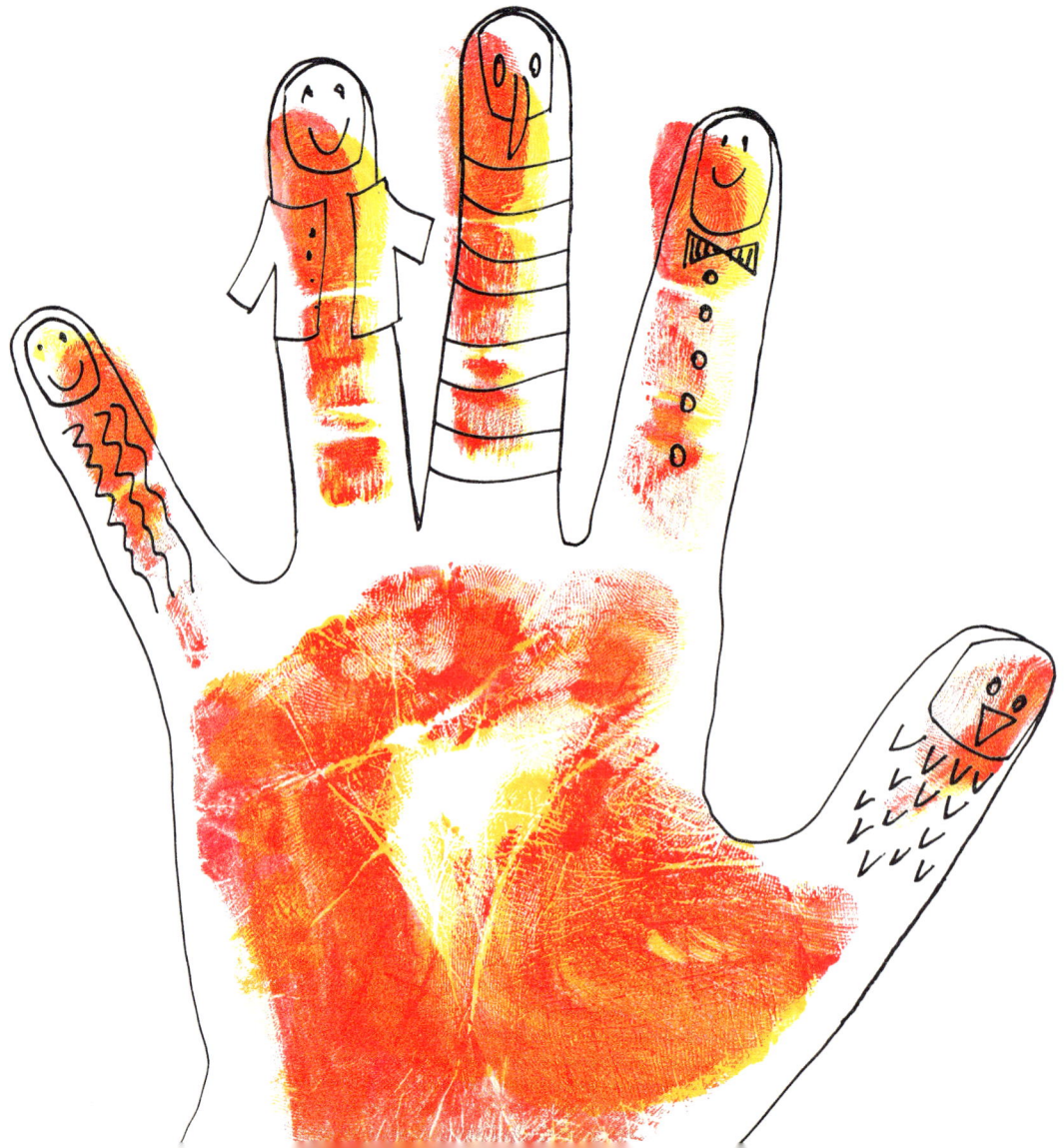

Alle meine Fingerlein
sollen einmal Tierlein sein.
Der Daumen ist das Schwein,
dick und fett allein.
Der Zeigefinger ist die Kuh,
die macht immer »Muh, muh, muh«.
Der Mittelfinger ist das Pferd,
wird vom Reiter sehr geehrt.
Der Ringfinger ist der Ziegenbock,
mit dem langen Zottelrock.
Alle meine Fingerlein
sollen liebe Tierlein sein.
Tierlein, Tierlein, lauf Galopp,
laufe immer hopp, hopp, hopp.
Laufe in den Stall hinein,
denn es wird bald Abend sein.

Himpelchen und Pimpelchen
gingen auf einen Berg.
Himpelchen war ein Heinzelmann,
Pimpelchen war ein Zwerg.
Sie blieben dort oben lange sitzen
und wackelten mit ihren Zipfelmützen.
Und nach 16 Wochen
sind sie in den Berg gekrochen.
Dort schlafen sie in schöner Ruh
nun seid schön still und hört gut zu.
Kikeriki, Kikerika!
Nun sind sie wieder da.

Hinweis für Eltern ▶ Diese Fingerspiele sind schon für die Kleinsten geeignet, machen aber Kindern im Vorschulalter nicht minder Spaß, vor allem, wenn sie vorher Kleider für die Finger basteln durften.

Helm und Schiffchen aus Papier

Nimm ein rechteckiges Stück Papier, und falte es in der Mitte zusammen, wie du es auf Bild 1 siehst. Dann knickst du die beiden oberen Ecken zur Mitte hin um, schau dir hierzu Bild 2 und 3 an. Den unteren Rand biegst du jetzt nach vorn und hinten wie auf Bild 4. Fahre mit der Hand von unten in das gefaltete Papierstück, und drücke es auseinander – fertig ist der Helm!

Aus dem Helm kannst du mit ein paar Handgriffen ein Schiffchen basteln. Drücke die beiden Enden a und b zusammen, sodass ein auf der Spitze stehendes Quadrat wie in Bild 5 entsteht. Die beiden Spitzen zeigen nach unten. Du knickst sie nach vorn und hinten um und hast wieder ein Dreieck, Bild 6 zeigt dir, wie dein Papierstück jetzt aussehen muss. Fahre mit beiden Daumen von unten in das Dreieck, und zieh es nach hinten und vorn auseinander. Die beiden Ecken c und d kommen so zusammen und bilden wieder die unteren Ecken von einem auf der Spitze stehenden Quadrat. Lass die Daumen in diesem Quadrat, und ziehe jetzt die beiden Ecken a und b mit den Fingern beider Hände nach außen wie in Bild 7 – und schon ist das Schiffchen fertig!

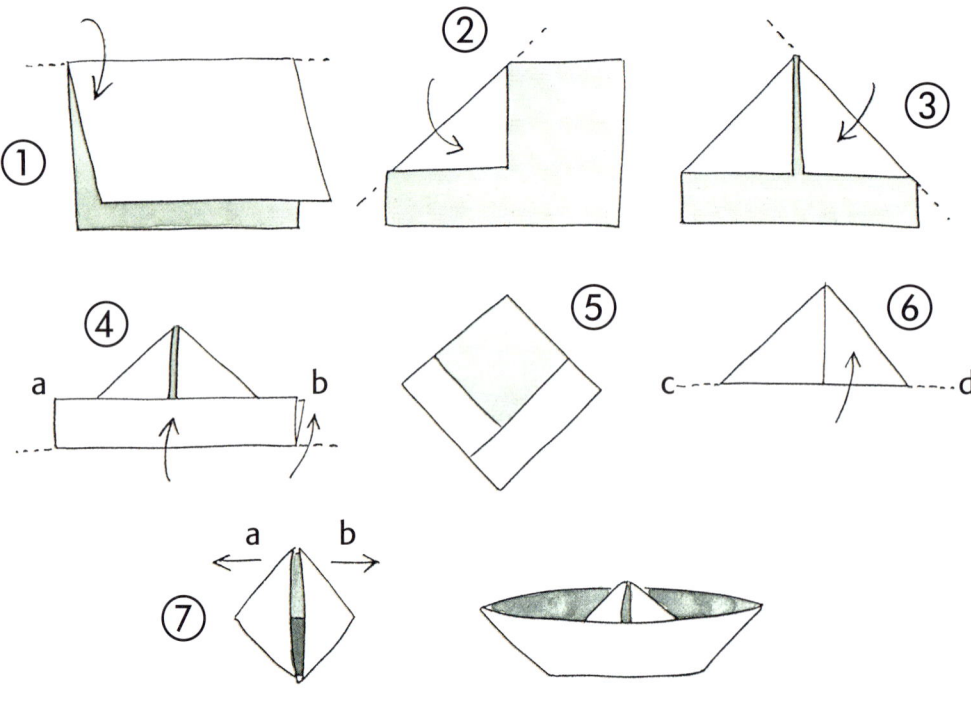

Himmel und Hölle

Bestimmt kennst du das Spiel Himmel und Hölle, bei dem nach einem Abzählvers das gefaltete Papier auf- und zugeklappt wird. Die Innenseiten sind blau für den Himmel und rot für die Hölle angemalt. Je nachdem, welche Seite offen bleibt, landest du in der Hölle oder im Himmel.

Und so wird dieses Spielgerät gefaltet: Nimm ein quadratisches Blatt von etwa 20 x 20 cm Länge. Falte es so vor, wie Bild 1 es zeigt. Nun knickst du wie in Bild 2 die vier Ecken zum Mittelpunkt hin um. Danach drehst du das Blatt um und faltest erneut die vier Ecken des jetzt kleineren Quadrats wieder zur Mitte hin um. Male die in Bild 3 genannten Abschnitte a, b, f und e rot aus, die Abschnitte c, d, g, und h werden blau ausgemalt. Jetzt drehst du das Blatt wieder um und fährst mit beiden Händen jeweils mit Daumen und Zeigefinger in die offenen Ecken. Weil du das Blatt vorgefaltet hattest, lässt es sich jetzt zu dem Himmel-und-Hölle-Spiel formen, das du im Abzählrhythmus auf- und zuklappen kannst.

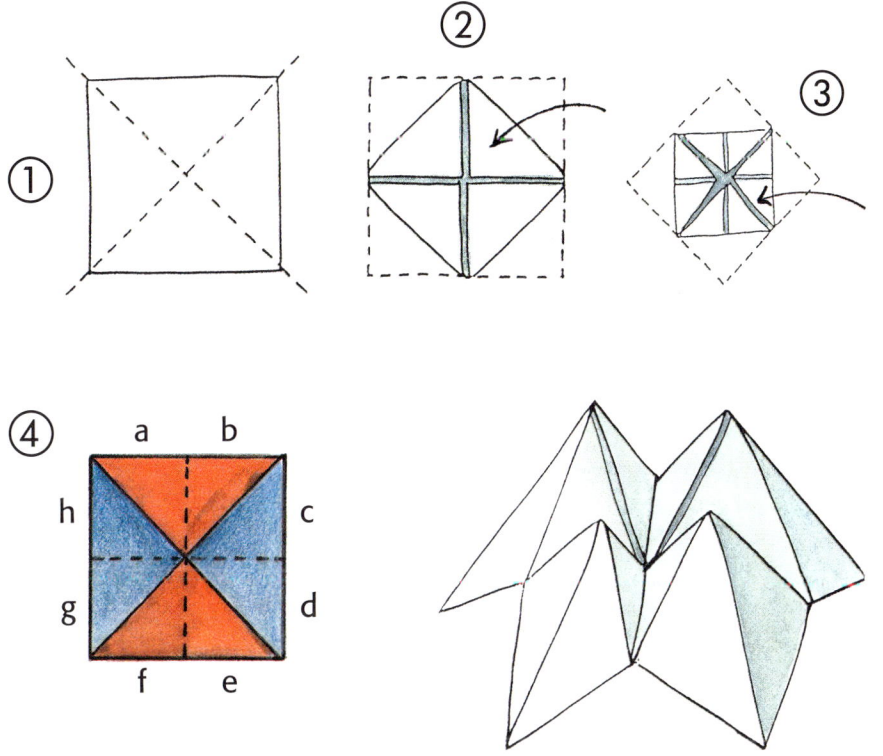

Links herum, rechts herum

Ein Schneckenhaus sieht aus wie eine Spirale, die nach innen zu immer enger wird. Sie läuft entweder links herum oder rechts herum. Zeichne die Spiralen auf den Schneckenhäusern ein.

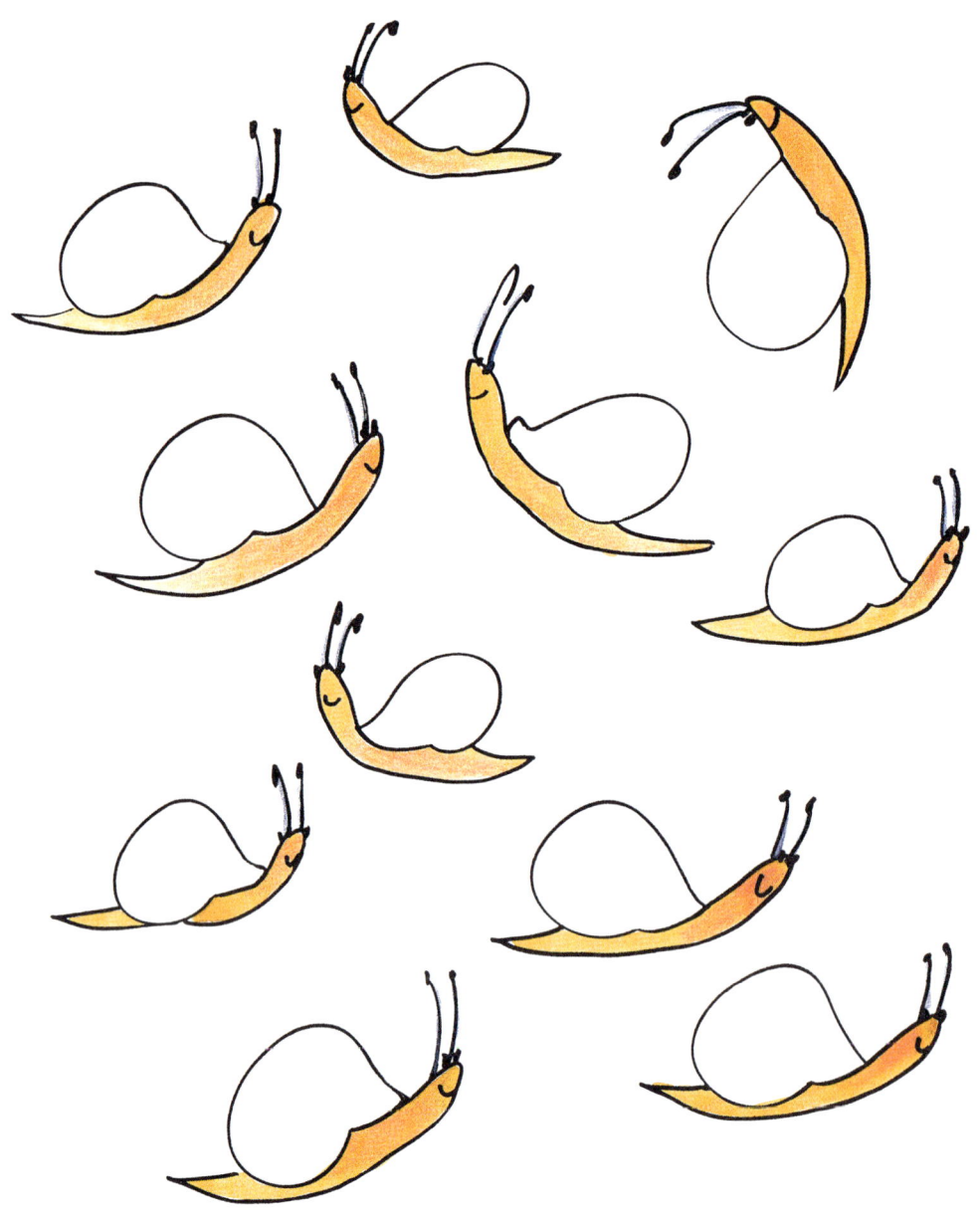

Zielübungen

Hier siehst du verschiedene Formen in unterschiedlichen Größen. Zeichne mit einem Stift in die Mitte jeder Form einen kleinen Punkt. Dann steh auf, und versuche, mit dem Zeigefinger der einen und dann der anderen Hand mit einer Bewegung genau den Punkt zu treffen. Zuerst von allen Vierecken, dann vom Dreieck usw.; und zwar immer zuerst die kleinen und dann die großen Formen.

Spiele im Garten

Himmel und Hölle: Ein uraltes Hüpfspiel, das Kinder stundenlang spielen können. Die Umrisse der Figur, die durchhüpft werden muss, können mit Kreide aufgezeichnet, mit einem Stöckchen in die Erde geritzt oder mit dürren Ästen auf die Wiese gelegt werden. Dann werden die Kästchen auf verschiedene, vorher festgelegte Art und Weise durchhüpft, also entweder beidbeinig oder auf einem Bein, rückwärts usw. Das Feld »Hölle«, das ganz oben direkt vor dem »Himmel« liegt, darf nicht betreten werden, ebenso dürfen die Feldbegrenzungen beim Durchhüpfen nicht berührt werden. Mit einem Stein, der bei jedem Durchgang ins nächste Feld geworfen werden muss, das es dann zu Überspringen gilt, lässt sich dieses beliebte Spiel weiter variieren. Der Fantasie bei Figuren und Regeln sind keine Grenzen gesetzt.

Becher balancieren: Ein ebenso gutes Spiel zur Verbesserung der Motorik und der Bewegungskoordination ist das Balancieren von Bechern. Über eine kurze Strecke müssen leere Jogurtbecher auf dem Kopf, dann auf der ausgestreckten Hand, auf dem angewinkelten Ellenbogen usw. balanciert werden. Gewinner ist, wer das am elegantesten kann! Schwieriger wird die Aufgabe, wenn ein Hindernisparcours zu überwinden ist – etwa wenn Bäume zu umrunden sind oder ein Stuhl überklettert werden muß.

Sackhüpfen: Auf weichem Untergrund wie etwa auf einer Wiese ist das Sackhüpfen ein ungetrübter Spaß. Bis zu den Hüften werden die Mitspieler in einen Sack (Müllsack o. ä.) gesteckt, und dann wird um die Wette gehüpft. Wer den Zielstrich als Erster überquert – egal ob hüpfend, rollend oder auf den Knien und Händen, Hauptsache »im Sack« – hat diesen vergnüglichen Wettlauf gewonnen.

Dosenwerfen: Eine Pyramide aus leeren Blechdosen ist das schönste Ziel zum Dosenwerfen. Geworfen wird aus einem Abstand von zunächst etwa 2 Metern. Jeder Mitspieler hat 3 Tennisbälle, also 3 Würfe, und bekommt so viele Punkte, wie er Dosen umgeschossen hat. Gespielt werden mindestens 3 Durchgänge, wobei im letzten der Abstand und die Zahl der Würfe erhöht werden können. Geschicklichkeit, Koordination und Kraft bestimmen hier gleichermaßen den Sieger.

Seiltanz

Hast du im Zirkus schon einmal diese aufregende Balancenummer gesehen? Ganz so schwierig wie im Zirkus ist unser Seiltanz nicht, denn bei uns liegt das Seil auf dem Boden. Im Freien kann das Seil auch ein Kreidestrich auf dem Asphalt oder eine in die Erde gegrabene Furche sein. Es beginnt ganz einfach: Balanciere vorsichtig ein paar Mal auf dem Seil auf und ab. Setze bedächtig einen Fuß vor den anderen. Gib Acht, dass du nicht daneben trittst, denn sonst stürzt du ab. Wenn du diese noch recht einfache Balanceübung wirklich gut beherrschst, kannst du schwierigere Seiltanznummern versuchen. Jetzt gilt es, das Seil mit zuerst kleineren, dann immer größer werdenden Sprüngen entlangzuhüpfen. Jeweils am Ende des Seils drehst du dich mit einem einzigen Sprung.

Schließlich kannst du noch versuchen, auf einem Bein auf dem Seil zu hüpfen. Einmal hüpfst du eine Strecke auf dem rechten Bein, den Rückweg machst du dann auf dem linken Bein hüpfend.

Über den Bach

Wenn man einen Bach, über den keine Brücke führt, überqueren will, kann man ihn entweder durchwaten und sich dabei nasse Füße holen, oder man hüpft von Stein zu Stein. Natürlich sind die Steine in einem Bach nicht alle gleich groß – manche sind so groß wie ein Blatt Papier, manche kleiner, andere nur so groß wie zum Beispiel ein Bierdeckel. Stell dir vor, durch dein Zimmer fließt ein breiter Bach, verteile verschieden große »Steine« auf dem Fußboden, und überquere so den Bach, indem du von einem »Stein« zum nächsten hüpfst. Das Spiel beginnt einfach – mit großen Steinen, die nicht weit auseinander liegen –, doch mit der Zeit wird es immer schwieriger über den Bach zu kommen: Die Steine werden kleiner und die Abstände, in denen sie voneinander entfernt liegen, größer. Da heißt es aufgepasst, dass du dir keine nassen Füße holst!

Stille und Entspannung

Zur Stille, zur Ruhe kommen, ist eine grundsätzliche Voraussetzung für Entspannung und Konzentration. Manchen Kindern fällt es schwer, zur Ruhe zu kommen, sie wollen nicht »still sein müssen«, möchten lieber laut als leise spielen. Die hier vorgestellten Stillespiele wecken das Interesse selbst der lebhaftesten Kinder und eröffnen ihnen neue Erfahrungsräume.

Der beste Zeitpunkt für Stillespiele ist dann, wenn Ihr Kind seinen Bewegungsdrang ausleben konnte, es also nicht allzu unruhig ist. Bei einigen Übungen finden Sie auch die Verbindung von Bewegung und Ruhe, das heißt, das Kind wird von einer Phase aktiver Bewegung in eine Phase der Entspannung und Stille geleitet.

Auch wenn keine größeren Aktivitäten mit Stillespielen einhergehen, sollten Sie dafür einen Raum vorbereiten, der einerseits Platz für Bewegung lässt und andererseits zum Entspannen einlädt. Das Kinder- oder Spielzimmer ist dazu denkbar ungeeignet, denn hier würden all die Spielsachen bei der Konzentration auf Stille und Entspannung nur ablenken. Halten Sie in einer eher »reizarmen« Umgebung Decken oder Matten zum Hinlegen bereit.

Im Kapitel »Förderung der Sinne« finden Sie weitere Spiele, die in einer Atmosphäre der Stille stattfinden. Bei ihnen stehen allerdings die verschiedenen Arten der Wahrnehmung – sehen, hören, riechen, tasten – im Vordergrund.

Feder steigen lassen

Du liegst bequem auf dem Rücken, deine Arme liegen neben deinem Körper, und deine Beine hast du ausgestreckt und leicht gespreizt. Schließ die Augen und stell dir vor, direkt über deinem Kopf schwebt eine kleine, flauschige Feder. Langsam sinkt sie herab, und wenn du ausatmest, steigt sie wieder ein bisschen hoch. Dann atmest du ein, und die Feder sinkt wieder langsam herab. Sie sinkt immer weiter, bis du wieder ausatmest und dein Atem die Feder wieder nach oben treibt. Du atmest jetzt ein bisschen kräftiger aus, und sofort steigt die kleine Feder höher hinauf. Während du einatmest, sinkt sie wieder langsam herunter. Lass die Feder bei jedem Atemzug höher steigen. Atme immer kräftiger ein und aus. Die Feder steigt jedes Mal höher, zuletzt sogar bis an die Decke. Atme jetzt wieder ruhiger, sodass die Feder allmählich wieder absinken kann. Dein Atem wird langsamer und sanfter, und die kleine Feder sinkt bei jedem Atemzug weiter ab. Schließlich ist sie direkt über deinem Kopf und senkt und hebt sich wieder langsam und gleichmäßig jedes Mal, wenn du ein- oder ausatmest. Lass die Feder so eine Weile über deinem Kopf tanzen. Sie sinkt ab, wenn du einatmest, und steigt wieder auf, wenn du ausatmest.

Hinweis für Eltern ▶ Bei diesem Entspannungsspiel erfährt das Kind, wie und in welchem Maß es seine Atmung beeinflussen kann. Anstrengung und Aufregung wirken sich auf die Atemgeschwindigkeit aus, und umgekehrt kann die künstlich beschleunigte Atemtätigkeit das Aktionspotential erhöhen, eine in Stresssituationen willentlich verlangsamte Atmung aber auch Stress vermindern helfen.

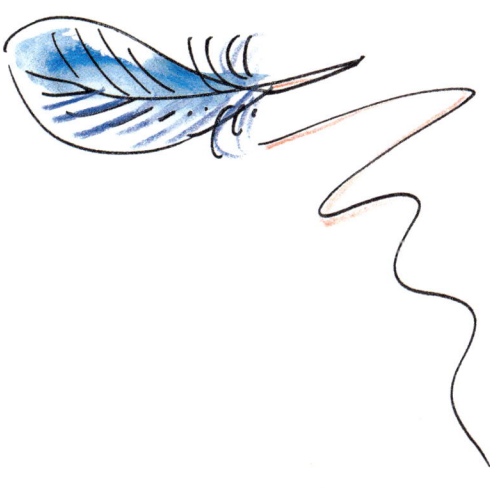

Mandalas ausmalen

Auf diesen beiden Seiten siehst du große, runde Bilder, so genannte Mandalas. Für das Ausmalen von Mandalas gelten ein paar einfache Regeln. Du beginnst entweder ganz außen und malst spiralig nach innen, oder du fängst ganz innen an und malst kreisförmig nach außen, ganz wie du willst. Benutze die Farben, die du am liebsten magst. Überleg nicht erst lange, sondern lass dich von deinem Gefühl leiten. Wenn du magst, kannst du über den äußersten Rand hinausmalen oder auch früher zum Malen aufhören. Dein Mandala ist dann fertig, wenn es dir gefällt. Viel Spaß!

Hinweis für Eltern ▶ Ein Mandala oder Kreisbild gilt mit seiner konzentrischen Form und der immer wiederkehrenden Symbolik als archetypisches, also im kollektiven Unterbewusstsein verankertes Muster, das auf den Menschen beruhigend wirkt und die Verbundenheit von Mensch und Natur in einer übergreifenden Ordnung zur Wirkung bringt. Kinder fühlen sich intuitiv von der Mandalaform angesprochen; das Ausmalen von Mandalas wirkt beruhigend und entspannend.

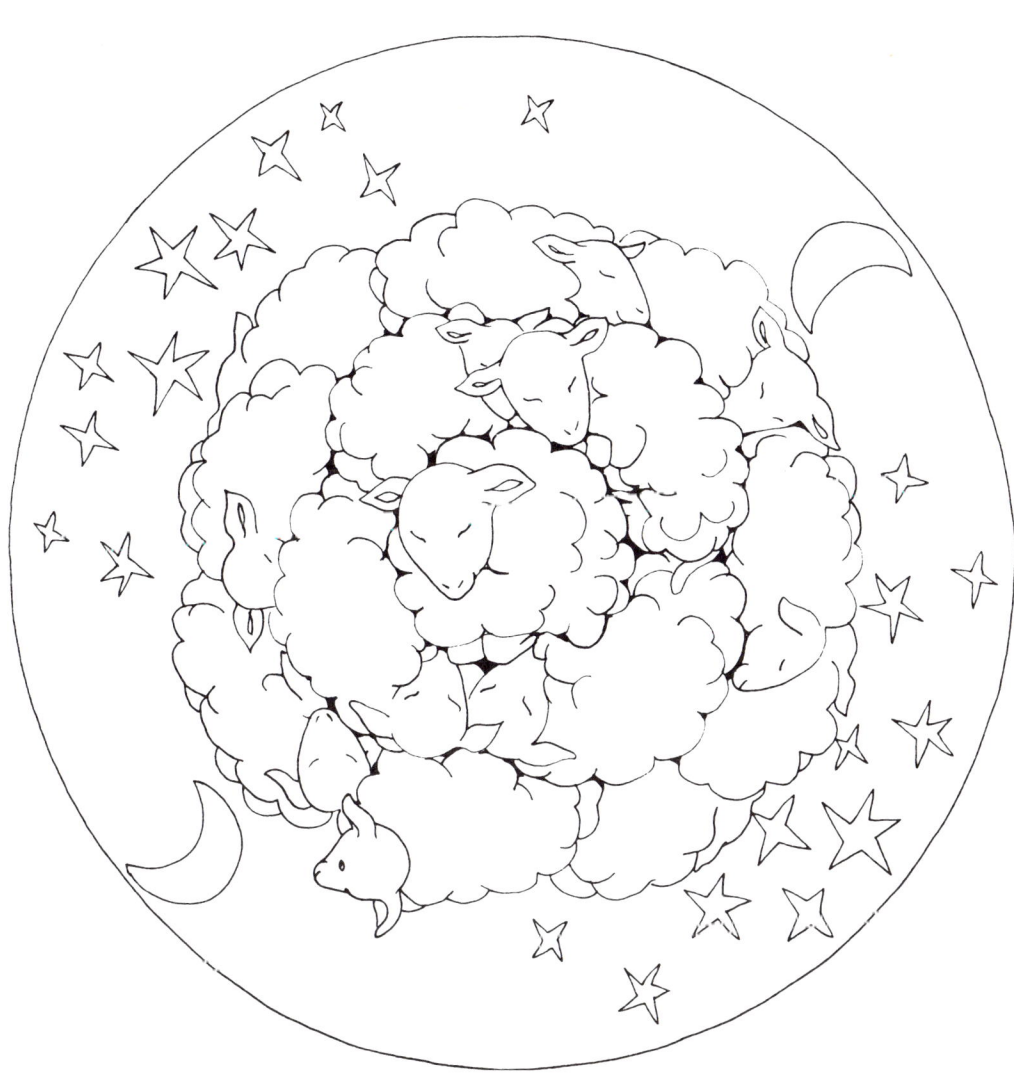

Bärenwanderung

Die Bären wandern auf allen vieren gemächlich durch den Wald. Die Sonne scheint, es ist angenehm warm, und es gibt nichts Schöneres, als ein bisschen durch den Wald zu streifen, mit den anderen Tieren zu plaudern, die herrlichen Blumen zu bewundern und etwas zum Naschen zu suchen. Da oben, dort, ganz weit oben, hängt da nicht etwas? Die Bären richten sich auf ihre Hinterbeine auf, sie müssen sich recken und strecken, um an die Beeren, die ganz weit oben hängen, heranzukommen. Hm, schmecken die gut! Schließlich fallen sie auf ihre vier Pfoten zurück und tapsen weiter durch den Wald. Nach einer Weile sehen sie wieder Beeren. Um heranzukommen, müssen sie sich erneut aufrichten, richtig recken und lang machen, dann fallen sie wieder zurück, doch schon wieder strecken sie sich, um weitere Beeren zu sammeln. Endlich gehen sie satt und zufrieden weiter. Aber allmählich werden sie müde vom vielen Herumlaufen. Sie suchen sich einen Platz, wo sie sich hinlegen und ausruhen können. Sie müssen eine Weile suchen, bis sie ein weiches Moos finden, wo sie sich ausstrecken können.

Die Bären machen es sich gemütlich, strecken sich und gähnen herzhaft. Sie schließen die Augen und denken ein bisschen nach. Was haben sie alles gesehen und erlebt im Wald? Welche Beeren gegessen, mit welchen Tieren geplaudert, an welchen Pflanzen gerochen? Von diesen Erlebnissen träumen sie jetzt.

Hinweis für Eltern ▶ Ein Bewegungsspiel mit anschließendem Entspannungsteil. Dehnen Sie den »Bärenspaziergang« so lange aus, bis das Kind seinen Bewegungsdrang abgebaut und sich ein Bedürfnis nach Ruhe und Entspannung eingestellt hat. Ein frei geräumter oder mit nur wenigen Möbeln ausgestatteter Raum bietet genug Platz für die Bärenwanderung.

Kätzchen auf Mäusejagd

Das neugierige Kätzchen durchstreift den Garten. Aufmerksam blickt es umher und schnuppert mit seinem Näschen, damit ihm auch ja nichts entgeht. Es geht ganz behutsam, gleichmäßig und ruhig auf seinen Samtpfötchen. Mal geht es langsamer, dann wieder ein bisschen schneller. Plötzlich bleibt es stehen, denn es hat etwas entdeckt. War da nicht eine Bewegung, ein Rascheln? Vielleicht eine Maus? Langsam und ganz vorsichtig schleicht das Kätzchen weiter, geschmeidig und auf ganz leisen Pfoten geht es, damit es ja keinen Laut verursacht. Tatsächlich, da sitzt eine Maus. Doch die hat das Kätzchen schon gesehen und – flitz – ist sie weg. Aber das Kätzchen ist nicht faul und läuft hinterher. Maus und Kätzchen sind fast gleich schnell, und so verfolgen sie einander eine Zeit lang, bis die Maus in ein Loch huscht. Das Kätzchen setzt sich neben das Mauseloch und wartet geduldig, doch plötzlich kommt die Maus aus einem anderen Loch herausgerannt, und die Jagd beginnt von neuem. Wieder verschwindet die Maus in einem Loch, und so geht das noch eine ganze Weile weiter. Schließlich wird das Kätzchen müde. Es geht zu seinem Lieblingsplatz im Garten und legt sich hin. Es streckt sich, atmet ruhig und schließt die Augen. Es denkt daran, was es heute so gesehen und erlebt hat, und träumt vor sich hin.

Und da die Verfolgungsjagd zu Ende ist, kann sich auch die Maus endlich ausruhen. Sie sucht sich ein sicheres Plätzchen und macht es sich gemütlich.

Hinweis für Eltern ▶ Ähnlich wie bei der Bärenwanderung werden auch bei diesem Spiel die typischen Verhaltensmerkmale von Tieren nachgeahmt. Wenn Sie dieses Entspannungsspiel mit mehreren Kindern spielen, können die Rollen von Katze und Maus verteilt werden, doch versuchen Sie zu vermeiden, dass zu viel Spannung und Aufregung ins Spiel kommen – schließlich soll die Übung zur Entspannung und Stille führen.

Wie die Wolken ziehen

Der Himmel ist mit Wolken verhangen. Es gibt große und mächtige Wolken, die ziehen nur langsam weiter. Aber es sind auch kleinere Wolken darunter. Sie sind nicht so dicht und sehen viel leichter aus. Dann kommt Wind auf und treibt die Wolken voran. Je stärker der Wind bläst, desto schneller ziehen die Wolken. Sie wirbeln durcheinander, drehen sich und rasen am Himmel. Dann lässt der Wind nach, und auch die Wolken werden langsamer. Sie ziehen jetzt gemächlich weiter, so lange bis wieder ein stärkerer Wind aufkommt. Die dicken Wolken brauchen länger, bis sie schnell werden, die dünnen treibt der stärkere Wind gleich wieder voran. Alle Wolken kommen wieder in Fahrt, werden schneller, jagen am Himmel, bis der

Wind wieder nachlässt und die Wolken erneut zur Ruhe kommen. Sofort werden sie wieder langsam und immer langsamer. Allmächlich werden sie müde. Die ganze Zeit über den Himmel ziehen strengt an, also legen sich die Wolken hin. Ob große oder kleine Wolke, ob dicke Gewitterwolke oder kleine Schäfchenwolke, alle Wolken ruhen sich aus. Sie schließen die Augen und denken daran, was sie alles gesehen haben – denn von dort oben sieht alles ganz anders aus, und sie sehen viel, denn an einem stürmischen Tag kommen sie weit herum. Die Wolken ruhen sich aus und träumen davon, wie sie über den Himmel ziehen und das Land unter sich beobachten.

Körperform pressen

Stell dir vor, du liegst an einem schönen Strand am Meer, und du willst versuchen, im warmen Sand einen Abdruck von dir zu hinterlassen. Beginne mit den Beinen. Drücke die Fersen und die Unterschenkel fest gegen den Boden. Die Knie sind durchgedrückt, und auch die Oberschenkel pressen sich fest gegen den Untergrund. Spann deine Muskeln noch mal mit aller Kraft an, drück beide Beine in ihrer vollen Länge fest auf den Boden, dann lass los und atme tief durch. Jetzt hast du sicher einen tollen Abdruck deiner Beine in den Sand gepresst. Als Nächstes ist der Po dran. Drück ihn mit aller Kraft gegen den Boden, so fest du kannst. Spann deine Muskeln richtig kräftig an. Dann lass los und entspanne die Muskeln. Atme ein paar Mal tief durch, bevor du mit dem Rücken weitermachst. Denk daran, du willst einen guten Abdruck in den Sand pressen. Drück deine Wirbelsäule fest gegen den Boden, spann deine Muskeln erneut richtig fest an. Mit aller Kraft drückst du, und dann lässt du wieder los, entspannst dich und atmest tief durch. Jetzt sind die Arme, Hände und Schultern dran. Du presst sie fest auf den Untergrund, die Handflächen, jeden Finger, die Arme und Schultern. Drück ganz fest, mit aller Kraft. Dann lass los und atme ein paar Mal tief durch. Spürst du deine Muskeln? Hast du keinen vergessen?

Hinweis für Eltern ▶ Die Tiefmuskelentspannung, auch progressive Muskelentspannung genannt, ist eine Technik, bei der durch bewusstes Anspannen und Entspannen bestimmte Muskelgruppen gelockert werden. Auch hier gilt: Gemeinsam macht's mehr Spaß – also legen Sie sich zusammen mit Ihrem Kind auf den Rücken. Als Unterlage eignet sich zum Beispiel eine Wolldecke. Arme und Beine sind locker ausgestreckt, die Hände liegen flach auf dem Boden.

Katzbuckeln

Die Katze ist ein so genannter Vierbeiner, deshalb musst du dich beim Katzenbuckeln auf alle viere stellen. Knie dich hin und stütz dich mit den Händen ab. Jetzt mach einen Buckel wie eine Katze, drück deinen Rücken rund nach oben und zieh dabei den Kopf ein. Jetzt in die andere Richtung: Heb den Kopf an und lass den Rücken in ein Hohlkreuz absinken, aber drück nicht zu stark! Jetzt wieder der Buckel: Kopf einziehen, Rücken fest nach oben drücken und rund machen. Lass deinen Po dabei ganz locker. Eine Katze kann mindestens 5 Mal hintereinander katzbuckeln. Kannst du das auch?

Hinweis für Eltern ▶ Das Katzbuckeln ist eine gute Dehn- und Entspannungsübung für die Wirbelsäule. Achten Sie aber darauf, dass Ihr Kind den Rücken im Hohlkreuz nicht zu stark durchdrückt.

Sonnenauf- und Sonnenuntergang

Stell dir vor, du bist die Sonne. Morgens geht sie langsam auf und erwärmt die Erde. Heb die ausgestreckten Arme ganz langsam an. Die Sonne geht gemächlich auf, sie lässt sich Zeit damit. Langsam werden die Tiere wach, die Sonne steht schon etwas höher und erwärmt die Luft leicht. Führe die Hände in einer gleichmäßigen, langsamen Bewegung nach oben, bis die Handflächen über deinem Kopf zusammentreffen. Jetzt ist Mittag, die Sonne hat ihren höchsten Stand erreicht und entfaltet nun ihre ganze Kraft. Drück die Handflächen ein paar Sekunden lang fest gegeneinander. Lass dann wieder locker, dreh die Handflächen nach außen, und senk die ausgestreckten Arme wieder ganz langsam. Die Sonne geht wieder unter, ganz ruhig und gemächlich. Langsam klettert sie am Himmel hinunter, bis sie schließlich am Horizont versinkt. Wenn dir das Spiel Spaß gemacht hat, lass die Sonne doch noch einmal ganz langsam auf- und wieder untergehen.

Hinweis für Eltern ▶ Der aufrechte Stand mit leicht gegrätschten Beinen, locker herunterhängenden Armen und nach außen gedrehten Handflächen ist die Grundstellung für den Sonnenaufgang.

Storchenstand

Der Storch, im Märchen »Meister Adebar« genannt, ist ein geduldiger und ausgeglichener Geselle. Das Besondere an ihm ist, dass er meist nur auf einem Bein steht. Den Storchenstand kannst du so nachmachen: Setze einen Fuß leicht nach hinten, verlagere dein Gewicht auf das vordere Bein. Dann hebst du das hintere Bein langsam an. Die Hände liegen dabei auf den Oberschenkeln, der Oberkörper bleibt gestreckt und beugt sich beim Heben des Beins langsam nach vorn. Heb das hintere Bein so weit an, wie du dich sicher fühlst. So, jetzt bleib ein paar Sekunden auf einem Bein stehen und schau nach vorn – so steht der Storch auf der Wiese. Meister Adebar kann nicht ewig auf dem gleichen Bein stehen, darum wechselst auch du die Beine ab. Lass dein Bein langsam wieder herunter, und stelle dich aufrecht hin. Stelle den anderen Fuß leicht nach hinten, und gehe wieder langsam in den Storchenstand über. Nach ein paar Mal stehst du bestimmt schon sicher auf einem Bein. Jetzt kannst du versuchen, während du in der Balance bist, zusätzlich den vorderen Arm wie einen Storchenschnabel auszustrecken.

Hinweis für Eltern ▶ Der Storchenstand erfordert eine beachtliche Balanceleistung, die Ihr Kind vermutlich erst mit zunehmendem Alter erbringen kann. Kleinere Kinder können damit anfangen, das Bein nur ein Stück weit zu heben.

Ein Tag auf dem Meer

Betrachte die Bilder in aller Ruhe, eines nach dem anderen. Auf dem ersten Bild beginnt ein Tag auf dem Meer. Die Sonne geht langsam auf, ein Schiff kommt ins Bild. Hörst du das leise Plätschern der Wellen? Ab und zu kreischt eine Möwe, sonst hört man nur das ruhige, gleichmäßige Tuckern des Schiffsmotors. Verfolge das Schiff auf seiner geruhsamen Fahrt, während die Sonne langsam höher steigt. Ein sanfter Wind weht und trägt die Geräusche des Schiffs zu dir her. Schau dir die Bilder an, und stell dir das Leben auf dem Schiff vor. Die Menschen schlendern über das Schiffsdeck, setzen sich in Liege-

stühle, unterhalten sich oder genießen einfach die Ruhe des Meeres und die Wärme der Sonne. Nichts stört ihren Frieden, sie dösen vor sich hin und träumen von schönen Dingen. Die Sonne erreicht ihren höchsten Punkt und beginnt, ganz langsam wieder zu sinken. Das Schiff gleitet weiter übers Meer, ruhig und ungestört.

Hinweis für Eltern ▶ Das Betrachten von Bildern ist ein guter Weg, zu Stille und Entspannung zu finden. Entscheidend ist dabei die Motivauswahl. Hier eine Bildfolge, mit der Sie Ihrem Kind den Weg zu einer entspannenden und kontemplativen Bildbetrachtung weisen können.

Förderung der Sinne

Alles, was um uns herum vorgeht, nehmen wir mit unseren Sinnen wahr. Mit unseren Sinnesorganen erkunden wir unsere Umwelt.

Das wichtigste Sinnesorgan sind die Augen, sie enthalten 70 Prozent der sensorischen Rezeptoren des Körpers, sie teilen uns mit, wie die Welt um uns herum aussieht. Die Ohren liefern uns wichtige Informationen, zum Beispiel kann man ein heranfahrendes Auto schon hören, bevor man es überhaupt sehen kann. Mit dem Geruchs- und Geschmackssinn lässt sich feststellen, ob Lebensmittel noch genießbar sind. Der Tastsinn sagt uns, wie sich etwas anfühlt oder ob es heiß oder kalt ist. Die Wahrnehmung mit den Sinnen kann und sollte auch geübt, die Sinne sollten geschärft werden.

Im Folgenden werden ein paar einfache Spiele vorgestellt, bei denen sich das Kind jeweils ganz besonders auf einen seiner Sinne konzentrieren muss. Die Umwelt wird so auf eine ganz spezifische Weise erlebbar, und die Erlebnisse bereichern den Erfahrungsschatz des Kindes. Diese Spiele zur Förderung der Sinne können Sie sowohl mit nur einem Kind als auch mit einer kleinen Gruppe spielen.

Riechspaziergang

Spaziergänge, bei denen man sich vor allem auf das Riechen konzentriert, eröffnen eine neue Dimension des Wahrnehmens. Achte etwa beim gemeinsamen Einkauf in kleinen Geschäften oder im Supermarkt darauf, wie es riecht: vor der Kühltheke, beim Brotregal, bei den Waschmitteln, in der Kosmetikabteilung usw. Auch auf dem Weg in die Stadt, in die Schule, zum Schwimmbad gibt es einiges zu erriechen. Besonderen Spaß macht es, die Duftnoten so genau wie möglich zu benennen. Begonnen wird mit der Grobkategorisierung: »das stinkt« bezeichnet einen unangenehmen Geruch, »das duftet« einen angenehmen und »das riecht« liegt dazwischen. Die meisten Blumen duften, Rosen etwa wie Rosen, na klar, doch manche riechen nur, andere stinken sogar. In einer Telefonzelle etwa kann es nach Parfum duften oder nach abgestandenem Zigarettenqualm stinken. Wie riecht es auf der Wiese, vor dem Bäckerladen, im Wald am Fluß usw.?

Genau hinhören

Setz dich ganz still hin, und mach die Augen zu. Gib nur Acht auf das, was du hörst. Sind da viele Geräusche um dich herum? Woher kommen sie? Hörst du Schritte in der Wohnung über oder unter dir, läuft da vielleicht ein Kind herum oder saugt jemand Staub? Öffne ein Fenster und horche mit geschlossenen Augen auf die Geräusche: Hörst du Kinder lachen, Vögel singen, Hunde bellen, fahren viele Autos vorbei?

Was klingt wie?

Hast du schon einmal darauf geachtet, wie die Dinge klingen? Halte einen •••••• an dein Ohr. Belausche die •••••••••••••, wenn sie läuft, oder achte beim Mittagessen darauf, wie das Klappern von •••••••• klingt. Erinnere dich daran, wie sich das Summen einer ••••••, das Zwitschern eines •••••• oder das Zirpen einer •••••• anhört. Am besten hältst du dabei die Augen geschlossen, so kannst du dich besser konzentrieren.

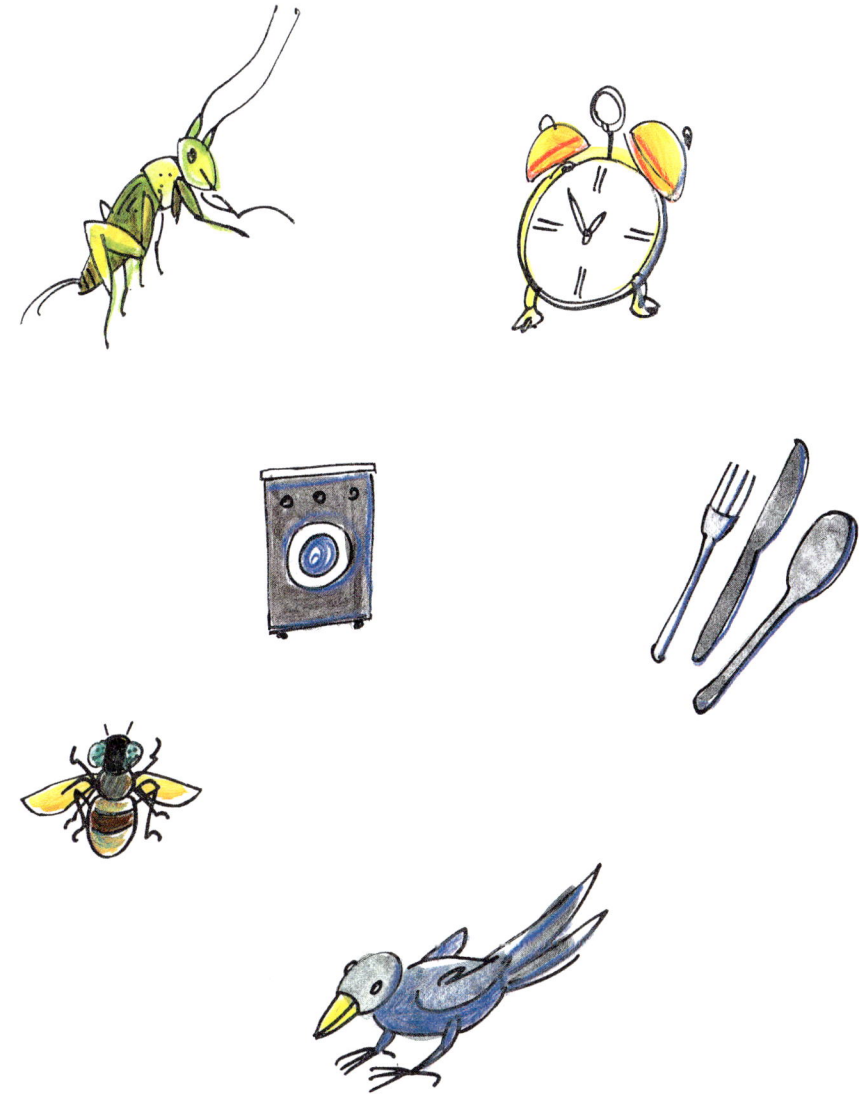

Laubenvogel

Hast du schon einmal etwas von einem Laubenvogel gehört? Die Männchen haben sich etwas ganz Besonderes ausgedacht, um die Weibchen anzulocken. Sie bauen kleine Lauben, die sie mit den verschiedensten Dingen – bunte Früchte und Blüten, Federn, Steine, Schneckenhäuschen – schmücken. Diese bunte Pracht ordnen sie nach Farben immer wieder neu. Ordne doch du deine Spielsachen einmal nach ihrer Farbe. Lege also Dinge, die die gleiche Farbe haben, auf je einen Stapel, und betrachte die Stapel aus ein paar Schritten Entfernung. Stellst du auch fest, dass Rot- und Orangetöne freundlicher, wärmer wirken, Grün- und Blautöne dagegen kälter? Vielleicht machst du von Zwischentönen, das sind Farben wie Braun, Lila, Orange, eigene Stapel. Schließlich kannst du noch versuchen, einen großen Stapel nach den Farben des Regenbogens zu ordnen (rot, orange, gelb, grün, blau, lila).

Augenspaziergang

Weißt du, dass du statt mit deinen Beinen auch mit deinen Augen spazieren gehen kannst? Setz dich irgendwohin, wo es etwas zu sehen gibt, etwa ans Fenster. Beobachte, was auf der Straße oder im Hof geschieht. Welche Menschen gehen umher? Was haben sie an, welche Farben kommen am häufigsten vor? In welche Richtung – nach links oder rechts – gehen mehr Leute? Welche Farbe haben die Autos? Welche Pflanzen gibt es zu sehen? Wie sind die Häuser angemalt, die Türen, die Fensterläden? Welche anderen Farben sind zu sehen? Du wirst sicher noch viel mehr beobachten. Wichtig ist, dass du immer nur eine Sache im Auge behältst. Mal schaust du nur darauf, was auf den Gehwegen passiert, dann nur darauf, was auf der Fahrbahn los ist, dann beobachtest du nur die Menschen. Du siehst, man muss gar nicht weit umherlaufen, um etwas zu entdecken.

Kennst du das Spiel »Ich sehe was, was du nicht siehst, und das ist rot.«? Bei diesem Spiel geht es darum, zu erraten, welchen Gegenstand in einer ganz bestimmten Farbe der andere Mitspieler meint. Wandle doch dieses Spiel zum Beispiel so ab: Dein Mitspieler und du sitzen am Fenster, und ihr stellt euch Fragen wie: »Ich sehe was, was du nicht siehst, und das läuft nach links.« Oder: »Ich sehe was, was du nicht siehst, und das hat einen Hut auf dem Kopf.« Sicher fallen euch eine Menge Fragen ein.

Saftbar

Fülle einige verschiedene Getränke – Wasser, Milch, Säfte – in Gläser, und tauche in jedes einen Strohhalm, schließe die Augen und schiebe die Gläser vorsichtig durcheinander, sodass du nicht mehr weißt, welches Getränk wo steht. Halte die Augen geschlossen, nimm eines der Gläser und probiere das Getränk. Kannst du erraten, welches Getränk in welchem Glas ist?

Schnuppernäschen

Dieses Spiel ist für mindestens 2 Mitspieler gedacht. Es müssen einige frische Früchte in möglichst gleich große Stücke geschnitten werden. Äpfel, Birnen, Bananen, Orangen, Aprikosen, Pfirsiche, Mandarinen eignen sich ebenso gut wie Erdbeeren und Kirschen, Oliven und Tomaten. Einem Mitspieler – oder mehreren – werden die Augen verbunden, ein anderer lässt ihn zuerst an der Frucht riechen und legt ihm dann Fruchtstückchen auf die Zunge. Welche Frucht ist es? Wer errät schon beim Riechen, was es ist?

Ein Hinweis: Wenn du auch Zitronen mit ins Spiel bringen möchtest, dann tust du das am besten erst gegen Ende des Spiels, da diese Früchte so intensiv schmecken, dass sie für eine ganze Weile deine Geschmacksnerven sozusagen »abstumpfen«.

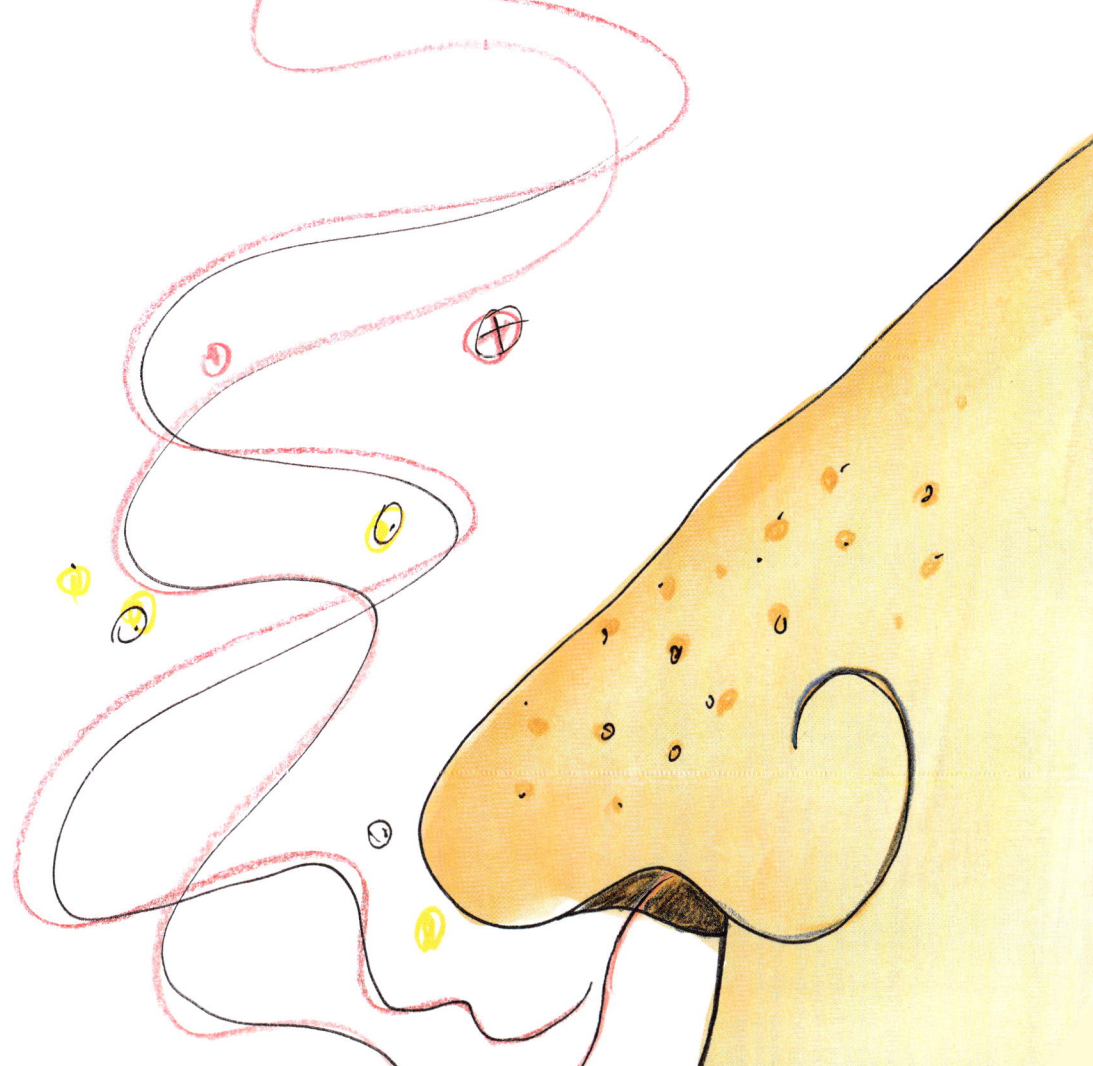

Krabbelsack

Dieses Spiel ist für mindestens 2 Mitspieler gedacht. Einer steckt etliche Gegenstände der unterschiedlichsten Größen und Formen – etwa Tannenzapfen, Seife, ein Stückchen Fell, ein Stück Pappe, einen kleinen Ball, Würfel, Stift, Radiergummi usw. – in einen Beutel oder Kissenbezug. Der andere greift hinein, befühlt einen Gegenstand nach dem anderen und versucht zu erraten, was es ist. So holt er die Dinge aus dem Beutel, bis dieser leer ist.

Hinweis für Eltern ▶ Bei diesem Spiel sollten natürlich keine spitzen Gegenstände oder Lebensmittel verwendet werden.

Warm und kalt

Deine Haut teilt dir mit, ob etwas spitz oder stumpf, weich oder hart, warm oder kalt ist. Doch an verschiedenen Stellen deines Körpers fühlst du Wärme oder Kälte unterschiedlich stark. Die Hand zum Beispiel ist weniger empfindlich als die Wange, einfach deshalb, weil in der Hand weniger »Reizaufnehmer«, so genannte Rezeptoren, sitzen, die Temperaturunterschiede wahrnehmen.

Nimm verschiedene Gegenstände, und halte sie dir nacheinander an die Wange. Spürst du, wie unterschiedlich warm oder kalt sie sind? Kreise die Symbole neben den Thermometern ein, je nachdem wie warm oder kalt du diese Gegenstände empfindest: Die Hand bedeutet mittelwarm, so, wie vielleicht deine Handfläche ist, die Sonne steht für wärmere, der Schneemann für kältere Gegenstände.

Über dieses Buch

144

Der Autor: Martin Stiefenhofer hat bereits mehrere Bücher zum Thema Erziehung veröffentlicht. Nach Abschluss seines Pädagogik- und Germanistenstudiums in Heidelberg war er dort an der Pädagogischen Hochschule und am Erziehungswissenschaftlichen Institut tätig. Wenn er nicht gerade Bücher schreibt, arbeitet Martin Stiefenhofer als Lektor in einem Münchner Verlag.

Die Illustratorin: Anja Güthoff, Jahrgang 1965, arbeitet seit 1991 als Kommunikationsdesignerin und Illustratorin für Werbeagenturen und Buchverlage. Als freie Künstlerin nimmt sie regelmäßig an Kunstausstellungen teil. Seit 1994 nimmt sie einen Lehrauftrag der Fachhochschule Augsburg für Zeichnen und Gestaltungsgrundlagen wahr.

Impressum
Es ist nicht gestattet, Abbildungen und Texte dieses Buches zu digitalisieren, auf PC's oder CD's zu speichern oder auf PC's/Computern zu verändern oder einzeln oder zusammen mit anderen Bildvorlagen/Texten zu manupulieren, es sei denn mit schriftlicher Genehmigung des Verlages.

Die Mandalas auf den Seiten 122/123 stammen vom Studio für Illustration und Fotografie Sascha Wuillemet, München. Sie sind folgendem Buch entnommen: Sascha Wuillemet/Andrea-Anna Cavelius: Komm, wir malen Mandalas. Weltbild Verlag, Augsburg 1998

Weltbild Buchverlag
© 1998 Weltbild Verlag GmbH, Augsburg
Alle Rechte vorbehalten
Redaktion: Claudia Haimerl, München
Umschlag, Layout, Illustration: Anja Güthoff, Augsburg
Layout, Satz: Dzoidos + Köninger – Niko Dzoidos, Augsburg
Notengrafik: Werner Eickhoff, Freiburg
Druck und Bindung: Druckerei Appl, Wemding
Reproduktion: Typework Layoutsatz & Grafik GmbH, Augsburg

Gedruckt auf chlorfrei gebleichtem Papier
Printed in Germany
ISBN 3–89604–470–2